# 명심보감(明心寶鑑)

- 마음을 밝혀 삶을 성찰시키는 보배 거울 -

이평(李坪) 성찬식(成燦植) 편역(編譯)

월암(月庵) 손영호(孫榮鎬) 감수(監修)

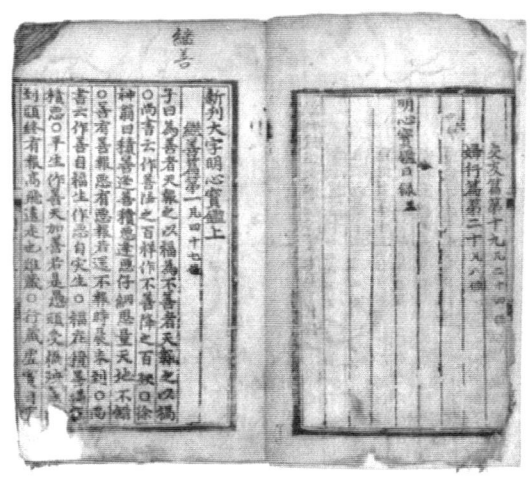

\* 신간대자명심보감(新刊大字明心寶鑑), 청주고인쇄박물관 소장

# 명심보감(明心寶鑑)
- 마음을 밝혀 삶을 성찰시키는 보배 거울 -

【 모데미풀 고전선 ① 】

1판 1쇄 발행 2024년  7월  8일
1판 2쇄 발행 2025년 12월 15일

편역자  ● 성찬식
발행인  ● 송우섭
발행소  ● 모데미풀

출판등록  ● 2022년 2월 8일(제2022-000021호)
주    소  ● (우 10306) 경기도 고양시 일산동구 숲속마을1로 115, 숲속마을8단지 804-204
대표전화  ● 070-8882-8104
팩스번호  ● 031-624-8102
전자우편  ● woosubso@naver.com
블 로 그  ● https://blog.naver.com/woosubso

ISBN 979-11-977923-5-9 (03810)


* 책값은 뒤표지에 있습니다.
* 잘못 만들어진 책은 구입한 곳에서 교환해 드립니다.
* 책으로 만들고 싶으신 원고가 있다면(지금 당장 써놓은 원고가 없더라도 좋습니다), woosubso@naver.com으로 연락주세요. 당신이 상상하는 책을 만드는 멋진 계획에 모데미풀이 함께 하고 싶습니다.

## 머리말

언제부터인가 우리 주변에 한자(漢字)에 대한 관심이 없어지면서 한자로 쓰여진 고전(古典)을 접하기가 어려워졌습니다. 아쉬움을 가지고 있던 중 명심보감(明心寶鑑)을 배우면서 필사·연구한 자료를 바탕으로 느린 걸음으로 정리한 것을 조심스레 세상에 내놓는 용기를 부려 봅니다.

명심보감(明心寶鑑)은 고려 충렬왕 때 문신 추적(秋適)이 저술(著述)한 책으로 많이 알려졌으나 이는 일부의 사실만이 알려주는 것입니다.

명심보감(明心寶鑑)은 원나라 말기에 출생한 범입본(范立本)이라는 사람이 홍무 26년(1393년)에 중국 고전에서 선현들의 금언(金言)·명구(名句)를 엮어 상·하 2권에 모두 20편으로 분류하여 편저한 책입니다. 우리나라에서는 예문관 대제학을 지낸 노당(露堂) 추적(秋適, 1246~1317) 선생이 『명심보감초(明心寶鑑抄)』 19편을 편찬한 것으로 알려졌던 바, 이것이 목판 등으로 찍어 배포, 활용되면서 원저작자가 추적(秋適) 선생인 것처럼 잘못 알려지게 된 것입니다. 하지만 우리나라에서 방대한 명심보감의 핵심을 다시 뽑아 편집한 이 초략본의 가치와 반향은 아주 컸습니다. 여러 이본(異本)이 발간되어 전해지고 있으며, 근대에 들어와 책 내용을 증보(增補)하여 내기도 하였습니다.

명심보감은 중국의 공자, 맹자, 순자 등 당대의 유학자(儒學者)들과 노자나 장자와 같은 도교의 명언, 불교 사상 등이 모두 포함되어 있어 그야말로 동양(東洋) 정신세계(精神世界)의 정수(精髓)가 취합 정리되어 있다고 볼 수 있습니다.

# 明心寶鑑抄

## 繼善篇

子曰為善者天報之以福為不善者天報之以禍

漢昭烈將終勅後主曰勿以惡小而為之勿以善小而不為

莊子曰一日不念善諸惡自皆起

太公曰見善如渴聞惡如聾○又曰善事須

우리나라에 현존하는 가장 오래된 명심보감은 청주고인쇄박물관에 소장된 1454년에 출판한 신간대자명심보감(新刊大字明心寶鑑)입니다. 여기에 범입본(范立本)의 서문이 들어가 있어 명심보감이 최초 그의 편저작물임을 알려주고 있습니다.

명심보감은 기초 한문교육용 교재이자 도덕교육 교재로서, 천자문(千字文), 사자소학(四字小學), 격몽요결(擊蒙要訣) 등과 같이 초학자에게 권장하는 책이었습니다. 2013년 군포시 복지관에서 정명조 선생을 만나 명심보감을 공부하게 되었고 그때 배우면서 선생님의 말씀을 잘 필사하여 정리해 두었던 것이 이 책의 밑바탕이 되었습니다. 지금도 명심보감 강의를 계속하시는 정명조 선생께 깊은 감사의 인사를 올립니다. 또한 부족한 능력으로 집필한 책을 꼼꼼히 감수해주시고 여전히 현역으로 한문(漢文)을 가르치고 계신 월암(月庵) 손영호(孫榮鎬) 선생께도 깊은 감사와 존경의 인사를 올립니다.

마지막으로 율곡 이이(李珥, 1536~1584) 선생의 '명심보감서(明心寶鑑序)'의 말씀을 떠올리며, 명심보감을 시작해 보도록 하겠습니다.

註) 한문을 번역할 때 경어체로 하지 않고 평어체로 했으며(예: 말했다. 쓰여있다 등), 책이거나 책일 것으로 추정되는 출처는 〈〉를 사용하였다.

"명심보감이란 책은 무엇을 위해서 지은 것인가?
옛 사람이 후학들이 이익을 따르고 의리를 잊을까
근심하여 지은 것이다."


明心寶鑑者, 何爲而作也。
古之人憂後學之徇利忘義, 而作也。


\* 의(義): 의리(義理)로 사람으로서, 사람과의 관계에서 마땅히 지켜야 할 도리(道理)를 말한다.

차 례

一. 계선편(繼善篇) ●○●○ 11

二. 천명편(天命篇) ●○●○ 16

三. 순명편(順命篇) ●○●○ 19

四. 효행편(孝行篇) ●○●○ 21

五. 정기편(正己篇) ●○●○ 24

六. 안분편(安分篇) ●○●○ 36

七. 존심편(存心篇) ●○●○ 38

八. 계성편(戒性篇) ●○●○ 46

九. 근학편(勤學篇) ●○●○ 51

十. 훈자편(訓子篇) ●○●○ 55

十一. 성심편 상(省心篇 - 上) ●○●○ 58

十一. 성심편 하(省心篇 - 下) ●○●○ 76

十二. 입교편(立教篇) ●○●○ 90

十三. 치정편(治政篇) ●○●○ 101

十四. 치가편(治家篇) ●○●○ 106

十五. 안의편(安義篇) ●○●○ 109

十六. 준례편(遵禮篇) ●○●○ 111

十七. 언어편(言語篇) ●○●○ 113

十八. 교우편(交友篇) ●○●○ 116

十九. 부행편(婦行篇) ●○●○ 119

二十. 증보편(增補篇) ●○●○ 123

1) 증보편(增補篇) ●○●○ 123

2) 팔반가 팔수(八反歌 八首) ●○●○ 125

3) 증보 효행편(孝行篇) ●○●○ 130

4) 증보 염의편(廉義篇) ●○●○ 135

5) 증보 권학편(勸學篇) ●○●○ 140

# 一. 계선편(繼善篇)

> 子 曰 爲善者는 天報之以福하고 爲不善者는 天報之以禍니라.
>
> **자 왈 위선자**는 **천보지이복**하고 **위불선자**는 **천보지이화**니라.

    공자(孔子)가 말했다. "착한 일(善)을 하는 사람에게는 하늘에서 복(福)을 내려주시고, 악한 일을 하는 사람에게는 하늘이 화(禍)를 보내신다."

* 공자(孔子, B.C. 551~B.C. 479): 춘추시대 정치인이자 유학(儒學)의 창시자이다. 주나라의 예(禮)와 악(樂)을 정리하여 유학의 기초 경전을 정립하였고, 예악(禮樂)을 바탕으로 한 정치 실현을 목표로 수많은 제자들을 가르쳤지만 살아있는 동안 그 목표를 달성하지 못했다.

> 漢昭烈이 將終에 勅後主 曰 勿以善小而不爲하고 勿以惡小而爲之하라.
>
> **한소열**이 **장종**에 **칙후주 왈 물이선소이불위**하고 **물이악소이위지**하라.

    한(漢)나라 소열황제(昭烈皇帝)가 죽음에 이르러 아들 후주(後主)에게 조서를 내려 말했다. "착한 일(善)은 작다고 하여 이를 행하지 않아서는 안 되며, 악한 일(惡)은 작다고 하여도 이를 행해서는 안 된다."

* 소열(昭烈): 소열은 촉한(蜀漢)의 황제가 된 유비(劉備)의 시호(諡號)이다.
* 후주(後主): 유비(劉備)의 장자인 유선(劉禪, 207~271)을 말한다.

> 莊子 曰 一日不念善이면 諸惡이 自皆起니라.
>
> **장자 왈 일일불념선**이면 **제악**이 **자개기**니라.

장자가 말했다. "하루라도 착한 일(善)을 생각하지 아니하면 모든 악한 일(惡)이 저절로 일어난다."

```
太公에 曰 見善如渴하고 聞惡如聾하라 又
曰 善事須貪하고 惡事莫樂하라.
```
**태공**에 **왈 견선여갈**하고 **문악여롱**하라 **우 왈 선사수탐**하고 **악사막락**하라.

〈태공가교〉에 쓰여있다. "착한 일(善)을 보거든 목마를 때 물을 구하듯이 망설이지 말고, 악한 일(惡)을 듣거든 귀머거리 같이 못 들은 체하라." 또 말했다. "착한 일(善事)은 모름지기 탐을 내고, 악한 일(惡事)은 즐겨하지 말라."

* 태공(太公): 그동안 '강태공'으로 번역되어 왔다. 2024년 안대회(성균관대학교 한문학과) 교수가 범입본의 〈명심보감(明心寶鑑)〉 평역본을 발간하면서 태공(太公)은 〈태공가교(太公家教)〉라는 책(冊)임을 밝혀내었다. 〈태공가교〉는 당나라 중엽에 지어진 중국에서 가장 오래된 치가(治家) 격언집(格言集)으로 명나라 이후 실전(失傳)되었다가 돈황(둔황) 석굴에서 많은 사본이 발견되었다. 〈태공가교〉는 우리나라에 번역되지 않았으며, 일본에서는 주해서(注解書)가 발간되었다. 幼學の會 編, 〈太公家教注解〉, 汲古書院, 2009.

```
馬援 曰 終身行善이라도 善猶不足이요 一
日行惡이라도 惡自有餘니라.
```
**마원 왈 종신행선**이라도 **선유부족**이요 **일일행악**이라도 **악자유여**니라.

마원이 말했다. "일생 동안 착한 일(善)을 하더라도 착한 일(善)은 늘 모자라고, 단 하루 동안 악한 일(惡)을 저질러도 악한 일(惡)은 스스로 남아있다."

* 마원(馬援, B.C. 14~A.D. 49): 중국 후한 때의 장군이자 정치가이다. 자(字)는 문연(文淵). 광무제 때 강족(羌族)을 평정하였으며, 교지(交趾)의 난을 진압하고 흉노족을 쳐서 공을 세웠다.

> 司馬溫公 曰 積金以遺子孫이라도 未必子孫이 能盡守요 積書以遺子孫이라도 未必子孫이 能盡讀이니 不如積陰德於冥冥之中하여 以爲子孫之計也니라.
>
> 사마온공 왈 적금이유자손이라도 미필자손이 능진수요 적서이유자손이라도 미필자손이 능진독이니 불여적음덕어명명지중하여 이위자손지계야니라.

　사마온공이 말했다. "돈을 모아서 자손들에게 물려준다 하여도 자손들이 반드시 그 돈을 다 지킨다고 볼 수 없으며, 책을 모아서 자손들에게 남겨준다 하여도 자손들이 반드시 그 책을 다 읽는다고 볼 수 없으니, 남모르는 가운데 보이지 않는 음덕을 쌓아서 자손을 위한 계획을 세우는 것만 같지 못하다."

* 사마온공(司馬溫公): 북송(北宋) 때의 정치가이자 학자로, 이름은 광(光), 자는 군실(君實), 호는 우수(迂叟)이다.

> 景行錄에 曰 恩義를 廣施하라 人生何處不相逢이리오 讎怨을 莫結하라 路逢狹處면 難回避니라.
>
> 경행록에 왈 은의를 광시하라 인생하처불상봉이리오 수원을 막결하라 노봉협처면 난회피니라.

　〈경행록〉에 쓰여있다. "은혜와 의리를 널리 베풀어라. 사람이 어느 곳에서 살든지 서로 만나지 않으랴. 원수와 원한을 맺지 말라. 좁은 길에서 만나면 피하기 어렵다."

* 경행록(景行錄): 원대(元代) 무신 사필(史弼, 1233~1318)이 편찬한 도덕 교육용 격언집이다. 자는 군좌(君佐) 호는 자미노인(紫微老人)이다.

계선편(繼善篇)

> 莊子 曰 於我善者라도 我亦善之하고 於我
> 惡者라도 我亦善之니라 我旣於人에 無惡
> 이면 人能於我에 無惡哉인저.
>
> **장자 왈 어아선자**라도 **아역선지**하고 **어아악자**라도 **아역선지**니라 **아기어인**에 **무악이**면 **인능어아**에 **무악재**인저.

　장자가 말했다. "나에게 착하게 대하는 자에게 나 또한 착하게 대하고, 나에게 악하게 대하는 자에게도 나는 그저 착하게 대할 것이다. 내가 이미 남에게 악하게 대하지 않았으면 남도 나에게 악하게 대하지 않을 것이다."

\* 장자(莊子, B.C. 369?~B.C. 286?): 전국시대 송(宋)나라 몽(蒙, 하남성 상구현) 출신으로 제자백가 중 도가(道家)의 대표적인 인물이다. 맹자와 동시대에 살았다고 전해진다. 이름은 주(周)이고, 자는 자휴(子休)이다.

> 東岳聖帝 垂訓에 曰 一日行善이라도 福雖
> 未至나 禍自遠矣요 一日行惡이라도 禍雖
> 未至나 福自遠矣니 行善之人은 如春園之
> 草하여 不見其長이라도 日有所增하고 行
> 惡之人은 如磨刀之石하여 不見其損이라도
> 日有所虧니라.
>
> **동악성제 수훈**에 **왈 일일행선**이라도 **복수미지**나 **화자원의**요 **일일행악**이라도 **화수미지**나 **복자원의**니 **행선지인**은 **여춘원지초**하여 **불견기장**이라도 **일유소증**하고 **행악지인**은 **여마도지석**하여 **불견기손**이라도 **일유소휴**니라.

　동악성제(東岳聖帝)가 훈계를 내려 말했다. "하루 착한 일을 행할지라도 복(福)은 비록 당장 이르지 아니하나 화(禍)는 스스로 멀어지고, 하루 악한 일을 행할지라도 화는 비록 당장 이르지 아니하나 복은 스스로 멀어진다. 선을 행하는 사람은 봄 동산에 자라나는 풀과 같아서 그 자라나는 것이 보이지 않으나 날로 더해지는 바가 있고, 악을 행하는 사람은 칼을 가는 숫돌과 같아서 닳아 없어지는 것이 보이지 않으나 날이 갈수록 이지러지는 것과 같다."

* 동악성제(東岳聖帝): 도교(道教)의 신으로, '동악대제(東嶽大帝)' 또는 '태산신(泰山神)'이라고도 한다.

---

**子 曰 見善如不及하고 見不善如探湯하라.**
자 왈 견선여불급하고 견불선여탐탕하라.

---

　　공자가 말했다. "착한 일을 보거든 아직 부족한 것같이 하고, 악한 일을 보거든 끓는 물을 만지는 것같이 하라."

## 二. 천명편(天命篇)

---

孟子 曰 順天者는 存하고 逆天者는 亡하니라.

**맹자 왈 순천자**는 **존**하고 **역천자**는 **망**하니라.

---

맹자가 말했다. "하늘(천명)에 순종하는 사람은 살게 되고, 하늘(천명)을 거슬리는 자는 망하게 된다."

* 명심보감 판본 중에 '孟子'가 '子'로만 기재되어 '공자'로 번역된 것도 있으나, 원출전(原出典)이 '맹자(孟子)'이므로 '孟子'로 기재했다.

---

康節 邵 先生 曰 天聽이 寂無音하니 蒼蒼何處尋고 非高亦非遠이라 都只在人心이니라.

**강절 소 선생 왈 천청**이 **적무음**하니 **창창하처심**고 **비고역비원**이라 **도지재인심**이니라.

---

소강절 선생이 말했다. "하늘은 고요하여 소리가 없으니 푸르고 푸른데 어느 곳에서 찾을고. 높지도 않고 또한 멀지도 않다. 모든 것이 다만 사람의 마음에 있는 것이다."

* 강절 소 선생(康節 邵 先生, 1012~1077): 송(宋)나라 때 사람으로 성은 소(邵) 이름은 옹(雍)이다. 자는 요부(堯夫)며, 강절(康節)은 시호(諡號)이다.

---

玄帝 垂訓 曰 人間私語라도 天聽은 若雷하고 暗室欺心이라도 神目은 如電이니라.

**현제수훈 왈 인간사어**라도 **천청**은 **약뢰**하고 **암실기심**이라도 **신목**은 **여전**이니라.

---

현제(玄帝)가 훈계를 내려 말했다. "인간의 사사로운 말이라도 하늘의 들

으심은 우레와 같고, 어두운 방에서 마음을 속일지라도 귀신의 눈은 번개와 같이 본다."

* 현제(玄帝): 인물 미상으로 도가(道家)의 선인(仙人)으로 추정된다. 노자(老子)로 보는 사람도 있다.

> 益智書에 云 惡罐이 若滿이면 天必誅之니라.
> 익지서에 운 악관이 약만이면 천필주지니라.

〈익지서〉에 쓰여있다. "나쁜 마음이 가득 차면 하늘이 반드시 죽인다."

* 익지서(益智書): 송(宋)나라 때 초학자(初學者)를 위해 만들어진 교양에 관한 책 이름으로 알려지고 있다. 익지(益智)라는 말이 지혜(智)와 교양을 늘린다(益)는 말이다. 남아 있는 책이나 자세한 내용은 전해지지 않고 있다.

> 莊子 曰 若人作不善하여 得顯名者는 人雖不害나 天必戮之니라.
> 장자 왈 약인작불선하여 득현명자는 인수불해나 천필륙지니라.

장자가 말했다. "만일 사람이 착하지 못한 일을 하고서 이름을 세상에 떨친 자는 다른 사람이 비록 해치지 않는다 하더라도 하늘이 반드시 죽일 것이다."

> 種瓜得瓜요 種豆得豆니 天網이 恢恢하여 疎而不漏니라.
> 종과득과요 종두득두니 천망이 회회하여 소이불루니라.

오이씨를 심으면 오이 나고 콩 심으면 콩을 얻을 것이니, 하늘의 그물이 넓고 넓어서 성긴 것 같아 보여도 새지 아니한다.

| 子 曰 獲罪於天이면 無所禱也니라. |
|---|
| 자 왈 획죄어천이면 무소도야니라. |

공자가 말했다. "하늘에 죄를 지으면 빌 곳이 없다."

三. 순명편(順命篇)

> 子夏 曰 死生이 有命이요 富貴在天이니라.
> 자하 왈 사생이 유명이요 부귀재천이니라.

　자하(子夏)가 말했다. "죽고 사는 것은 운명에 달려 있고, 부자가 되고 귀하게 되는 것은 하늘에 달려 있다."

* '子 曰'이라 하여 공자의 말씀으로 쓴 판본이 많으나, 〈논어(論語)〉 옹야편(雍也篇)에 있는 자하(子夏)의 말이다.
* 자하(子夏): 성은 복(卜), 이름은 상(商)이다. 자가 자하(子夏)이다. 공자의 제자로 〈시경〉, 〈춘추〉에 조예가 깊었다. 집안이 가난하였으나 근면하고 배우기를 좋아했다고 평가된다.

> 萬事分已定이어늘 浮生이 空自忙이니라.
> 만사분이정이어늘 부생이 공자망이니라.

　모든 일은 제 분수(分數)가 이미 정하여져 있는데 세상 사람들이 덧없는 인생을 부질없이 스스로 바쁘게 사느니라.

> 景行錄에 云 禍不可倖免이요 福不可再求니라.
> 경행록에 운 화불가행면이요 복불가재구니라.

　〈경행록〉에 쓰여있다. "화는 요행으로 면할 수 없고, 복은 결코 연달아 얻지 못할 것이다."

| 時來에 風送滕王閣이요 運退에 雷轟薦福碑이니라. |
| --- |
| **시래**에 **풍송등왕각**이요 **운퇴**에 **뇌굉천복비**이니라. |

    때가 되니 바람은 (왕발을) 등왕각으로 보내고, 운수가 다하니 벼락이 천복비를 때리도다.

* [보충] 왕발(王勃, 당나라 시인)이 마당산 신령의 현몽을 얻어 순풍(順風)을 만나 배를 타고 하룻밤 사이에 남창 칠백 리를 가서 등왕각 서문(序文) 짓기에 참석하여 서문을 지어 천하에 문명(文名)을 떨친 데 반하여, 구래공(寇萊公, 북송 명재상)의 문객(門客) 한 사람이 몹시 가난하게 살므로 어떤 사람이 천복비 비문을 탁본해 주면 공로로 후한 보수를 주겠다고 하였는데, 천신만고 끝에 수천 리를 애써 가서 천복비가 있는 곳에 도착하니 밤은 어둡고 비바람이 치므로 하는 수 없이 다음 날 아침에 비가 멎고 밝아지면 탁본을 하려고 객사에서 머물렀다가 그 다음날 아침에 천복비가 있는 곳으로 가보니 밤 사이에 천복비가 벼락에 깨져 모두 허사가 되었다는 얘기가 바탕이다.

| 列子 曰 痴聾痼啞라도 家豪富요 智慧聰明도 却受貧이라 年月日時 該載定하니 算來由命 不由人이니라. |
| --- |
| **열자 왈 치롱고아**라도 **가호부**요 **지혜총명**도 **각수빈**이라 **연월일시 해재정**하니 **산래유명 불유인**이니라. |

    열자가 말했다. "어리석고 귀먹고 고질병이 있고 벙어리라 하더라도 큰 부자가 될 수 있고, 지혜롭고 총명한 사람이라도 도리어 가난할 수 있다. 해와 달과 날과 때가 분명히 정하여져 있으니 헤아려 보면 운명 때문이지 사람 때문이 아니다."

* '痴聾痼啞(치롱고아)'를 '痴聾瘖啞(치롱음아)'라 한 판본도 있다. 瘖의 훈음은 '벙어리 음'.
* 열자(列子): 이름은 어구(禦寇), 전국시대 도가(道家) 사상가이다. BC 400년경 정(鄭)나라에 살았다고 한다.

# 四. 효행편(孝行篇)

> 詩 曰 父兮生我하시고 母兮鞠我하시니 哀哀父母여 生我劬勞셨다 欲報深恩인대 昊天罔極이로다.
>
> 시 왈 부혜생아하시고 모혜국아하시니 애애부모여 생아구로셨다 욕보심은인대 호천망극이로다.

〈시경(詩經)〉에 쓰여있다. "아버지께서 나를 낳아주시고 어머니께서 나를 기르셨으니, 아아 슬프다 부모님이시여. 나를 낳아 기르시느라 애쓰고 수고하셨도다. 깊은 은혜를 갚고자 하는데 하늘과 같이 넓어서 끝이 없구나."

* 시경(詩經): 시경(詩經)은 서주(西周) 초기부터 동주(東周) 초기에 걸쳐(B.C. 9세기~B.C. 7세기) 완성된 고대 중국의 시가를 모아 엮은 시집으로 서경(書經), 역경(易經), 춘추(春秋), 예기(禮記)와 함께 오경(五經)의 하나이다. 당시 전해지던 3,000여 편의 시(詩)를 공자가 311편으로 간추린 것인데, 이 중 여섯 편은 제목만 전한다.

> 子 曰 孝子之事親也에 居則致其敬하고 養則致其樂하고 病則致其憂하고 喪則致其哀하고 祭則致其嚴이니라.
>
> 자 왈 효자지사친야에 거즉치기경하고 양즉치기락하고 병즉치기우하고 상즉치기애하고 제즉치기엄이니라.

공자가 말했다. "효자가 어버이를 섬길 때에는 평상시에는 그 공경을 다하고, 봉양할 때는 그 즐거움을 다하고, 병이 드시면 그 근심을 다하고, 돌아가시면 그 슬픔을 다하고, 제사를 모실 때는 그 엄숙함을 다해야 할 것이다."

> 子曰 父母在어시든 不遠遊하며 遊必有方이니라.

자 왈 부모재어시든 불원유하며 유필유방이니라.

공자가 말했다. "부모님이 살아 계시거든 멀리 나가지 않으며, 나갈 때에는 반드시 가는 곳을 알려야 한다."

> 子曰 父命召어시든 唯而不諾하고 食在口則吐之니라.

자 왈 부명소어시든 유이불락하고 식재구즉토지니라.

공자가 말했다. "아버지께서 부르시거든 빨리 응답하고 머뭇거리지 말고, 먹은 것이 입안에 있거든 빨리 뱉고 응답해야 할 것이다."

> 太公에 曰 孝於親이면 子亦孝之하나니 身旣不孝면 子何孝焉이리오.

태공에 왈 효어친이면 자역효지하나니 신기불효면 자하효언이리오.

〈태공가교〉에 쓰여있다. "어버이에게 효도하면 자식 또한 효도하나니 자신이 이미 효도를 아니 하면 자식이 어찌 효도를 하겠는가."

> 孝順은 還生孝順子요 忤逆은 還生忤逆者하나니 不信커든 但看簷頭水하라 點點滴滴不差移니라.
>
> **효순**은 **환생효순자**요 **오역**은 **환생오역자**하나니 **불신**커든 **단간첨두수**하라 **점점적적불차**이니라.

    효도하고 순종하는 사람은 효도하고 순종하는 자식을 낳고, 거스르는 사람은 거스르는 자식을 낳나니, 믿지 못하겠거든 다만 처마 끝의 물을 보아라. 방울방울 떨어지는 물은 어긋남이 없느니라.없구나."

\* 첨(簷): 簷(처마 첨)의 이체자(異體字)로 같은 뜻인 檐이 쓰인 판본도 있다.

## 五. 정기편(正己篇)

> 性理書에 云 見人之善이면 而尋己之善하고 見人之惡이면 而尋己之惡이니 如此면 方是有益이니라.
>
> 성리서에 운 견인지선이면 이심기지선하고 견인지악이면 이심기지악이니 여차면 방시유익이니라.

〈성리서(性理書)〉에 쓰여있다. "남의 착한 것을 보고서 자기의 착한 것을 찾고, 남의 악한 것을 보고 자기의 악한 것을 찾을 것이니 이와 같이 하면 바야흐로 곧 이로움이 있을 것이다."

* 성리서(性理書): 송(宋)나라 학자들이 주창한 성명이기(性命理氣)의 학설을 담은 책이다.

> 景行錄에 云 大丈夫當容人이언정 無爲人所容이니라.
>
> 경행록에 운 대장부당용인이언정 무위인소용이니라.

〈경행록〉에 쓰여있다. "대장부는 마땅히 남을 용서할지언정 남의 용서를 받는 사람이 되어서는 안 된다."

> 太公에 曰 勿以貴己而賤人하고 勿以自大而蔑小하고 勿以恃勇而輕敵이니라.
>
> 태공에 왈 물이귀기이천인하고 물이자대이멸소하고 물이시용이경적이니라.

〈태공가교〉에 쓰여있다. "자기가 귀하다고 해서 남을 천하게 여기지 말고, 자기가 크다고 해서 작은 자를 업신여기지 말고, 용맹함을 믿고서 적을 가벼이 여기지 말 것이다."

| 馬援이 曰 聞人之過失이어든 如聞父母之名하여 耳可得聞이언정 口不可言也니라. |
| --- |
| **마원**이 **왈** **문인지과실**이어든 **여문부모지명**하여 **이가득문**이언정 **구불가언야**니라. |

 마원이 말했다. "남의 허물을 듣거든 어버이의 이름을 듣는 것 같이 여겨 귀로는 들을지언정 입으로는 말하지 말라."

\* 마원(馬援, B.C. 14~A.D. 49): 중국 후한 때의 장군이자 정치가

| 康節 邵 先生 曰 聞人之謗이라도 未嘗怒하며 聞人之譽라도 未嘗喜하며 聞人之惡이라도 未嘗和하며 聞人之善이면 則就而和之하고 又從而喜之니라 其詩에 曰 樂見善人하고 樂聞善事하며 樂道善言하며 樂行善意하고 聞人之惡이어든 如負芒刺하고 聞人之善이어든 如佩蘭蕙니라. |
| --- |
| **강절 소 선생 왈 문인지방**이라도 **미상노**하며 **문인지예**라도 **미상희**하며 **문인지악**이라도 **미상화**하며 **문인지선**이면 **즉취이화지**하고 **우종이희지**니라 **기시**에 **왈 낙견선인**하고 **낙문선사**하며 **낙도선언**하며 **낙행선의**하고 **문인지악**이어든 **여부망자**하고 **문인지선**이어든 **여패란혜**니라. |

 소강절 선생이 말했다. "남의 비방을 듣더라도 성낸 적이 없었으며 남의 칭찬을 듣더라도 기뻐한 적이 없었으며, 남의 악행을 듣더라도 동조한 적이

없었으며 남의 선행을 듣고서는 나아가서 화합하고 또 따라서 기뻐하였다. 그의 시(詩)에 쓰여있다. 착한 사람 보기를 즐거워하며 착한 일 듣기를 즐거워하며 착한 말 하기를 즐거워하며 착한 뜻 행하기를 즐거워하고 남의 악행을 듣거든 가시를 등에 진 것같이 여기고 남의 선행을 듣거든 향초(난초와 혜초)를 몸에 지닌 것같이 해야 한다."

> 道吾善者는 是吾賊이요 道吾惡者는 是吾師니라.
> 도오선자는 시오적이요 도오악자는 시오사니라.

내가 잘한 점을 말하는 사람은 나를 해치는 사람이고 나의 나쁜 점을 말하는 사람은 바로 나의 스승이다.

> 太公에 曰 勤爲無價之寶요 愼是護身之符이니라.
> 태공에 왈 근위무가지보요 신시호신지부이니라.

〈태공가교〉에 쓰여있다. "부지런히 일하는 것은 값으로 따질 수 없는 보배가 될 것이고 언행을 삼가하는 것은 몸을 보호하는 부적이 된다."

> 景行錄에 曰 保生者는 寡慾하고 保身者는 避名이니 無慾은 易나 無名은 難이니라.
> 경행록에 왈 보생자는 과욕하고 보신자는 피명이니 무욕은 이나 무명은 난이니라.

〈경행록〉에 쓰여있다. "삶을 보전하려는 자는 욕심을 적게 하고 자신을 보전하려는 자는 명예를 피한다. 욕심을 없애기는 쉬우나 명예를 버리기는 어렵다."

> 子曰 君子가 有三戒하니 少之時엔 血氣未定이라 戒之在色하고 及其壯也하얀 血氣方剛이라 戒之在鬪하고 及其老也하얀 血氣旣衰라 戒之在得이니라.
>
> 자 왈 군자가 유삼계하니 소지시엔 혈기미정이라 계지재색하고 급기장야하얀 혈기방강이라 계지재투하고 급기노야하얀 혈기기쇠라 계지재득이니라.

공자가 말했다. "군자에게는 세 가지 경계할 것이 있다. 젊었을 때는 혈기가 불안정하므로 여색(성욕)을 경계하고, 몸이 장성하면 혈기가 이미 강하므로 싸움을 경계하고, 몸이 늙어지면 혈기가 이미 노쇠하므로 탐욕을 경계하여야 한다."

> 孫眞人養生銘에 云 怒甚偏傷氣요 思多太損神이라 神疲心易役이오 氣弱病相因이라 勿使悲歡極하고 當令飮食均하며 再三防夜醉하고 第一戒晨嗔하라.
>
> 손진인양생명에 운 노심편상기요 사다태손신이라 신피심이역이오 기약병상인이라 물사비환극하고 당령음식균하며 재삼방야취하고 제일계신진하라.

손진인의 〈양생명〉에 쓰여있다. "성내기를 심하게 하면 기운이 특히 상하고, 생각이 많으면 정신을 크게 해친다. 정신이 피로하면 마음이 휘둘리기 쉽고 기운이 약하면 병나는 원인이 된다. 슬퍼하고 기뻐하는 것에 마음을 다하지 말고 마땅히 음식을 고르게 먹고 밤에 술 취하는 것을 거듭 삼가하고 새벽녘에 성내는 것을 첫째로 경계하라."

\* 손진인(孫眞人): 손사막(孫思邈, 581~682)으로 추정되는 사람으로 중국 당대(唐代)의 의

학자. 〈천금요방 千金要方〉, 〈천금익방 千金翼方〉 각 30권을 저술하여 각종 질병 수백 종에 대하여 논했다.

---

景行錄에 曰 食淡精神爽이요 心淸夢寐安이니라.

**경행록에 왈 식담정신상이요 심청몽매안이니라.**

---

〈경행록〉에 쓰여있다. "먹는 것이 담백하면 정신이 상쾌하고 마음이 맑으면 꿈자리가 편안하다."

---

定心應物하면 雖不讀書라도 可以爲有德君子니라.

**정심응물하면 수불독서라도 가이위유덕군자니라.**

---

마음을 안정시켜 모든 것을 대하면 비록 글을 읽지 아니하였더라도 능히 덕이 있는 군자가 될 수 있다.

---

近思錄에 云 懲忿을 如救火하고 窒慾을 如防水하라

**근사록에 운 징분을 여구화하고 질욕을 여방수하라**

---

<근사록>에 쓰여있다. "분노를 그치게 하기를 불을 끄는 것같이 하고 욕심을 멈추기를 물을 막듯이 하라."

* 근사록(近思錄): 중국 송나라 때 신유학의 생활 및 학문 지침서이다. 1175년 주희(朱熹: 주자)와 여조겸[呂祖謙, 일명 '동래선생(東萊先生)'이라고도 불러, 여동래(呂東萊)라고도 불렸다]이 주돈이(周敦頤)·정호(程顥)·정이(程頤)·장재(張載) 등 네 학자의 글에서 학문의 중심 문제들과 일상생활에 요긴한 부분들을 뽑아 편집하였다.

> 夷堅志에 云 避色을 如避讐하고 避風을 如避箭하며 莫喫空心茶하고 少食中夜飯하라.
>
> **이견지**에 운 피색을 **여피수**하고 **피풍**을 **여피전**하며 **막끽공심다**하고 **소식중야반**하라.

〈이견지〉에 쓰여있다. "여색 피하기를 원수 피하는 것같이 하고 바람(남녀관계) 피하기를 화살 피하는 것같이 하고 빈속에 차를 마시지 말고 밤중에는 밥을 적게 먹어라."

* 이견지(夷堅志): 중국 송(宋)나라 때의 홍매(洪邁)가 엮은 설화집(說話集)이다. 송나라 초부터 그가 살아있을 때까지의 민간의 이상(異常)한 사건이나 괴담을 모은 책으로, 당시의 사회(社會)·민속(民俗) 등의 자료가 풍부하다. 420권에서 약 절반만이 전(傳)한다.

> 荀子 曰 無用之辯과 不急之察을 棄而勿治하라.
>
> **순자 왈 무용지변**과 **불급지찰**을 **기이물치**하라.

순자가 말했다. "쓸데없는 말과 급하지 않는 일은 버려두고 다스리지 말라"

* 순자(荀子): 중국 전국시대(戰國時代) 사상가이며 조(趙)나라 사람이었다. 맹자의 성선설(性善說)을 비판하고 성악설(性惡說)을 주장했으며, 예(禮)를 강조하여 유학 사상의 발달에 큰 영향을 끼쳤다.

> 子 曰 衆이 好之라도 必察焉하며 衆이 惡之라도 必察焉하라.
>
> **자 왈 중**이 **호지**라도 **필찰언**하며 **중**이 **오지**라도 **필찰언**하라.

정기편(正己篇)

공자가 말했다. "모든 사람이 좋아할지라도 반드시 헤아려 보며 모든 사람이 미워할지라도 반드시 헤아려 보아야 한다."

酒中不語는 眞君子요 財上分明은 大丈夫이니라.

주중불어는 진군자요 재상분명은 대장부이니라.

술에 취한 가운데서도 말하지 않는 것이 참다운 군자이고, 재물을 거래함에 분명히 하는 것이 대장부다.

萬事從寬이면 其福自厚니라.

만사종관이면 기복자후니라.

모든 일에 너그러우면 그 복이 저절로 두터워진다.

太公에 曰 欲量他人인댄 先須自量하라 傷人之語는 還是自傷이니 含血噴人이면 先汚其口니라.

태공에 왈 욕량타인인댄 선수자량하라 상인지어는 환시자상이니 함혈분인이면 선오기구니라.

〈태공가교〉에 쓰여있다. "다른 사람을 헤아려 보고자 하면 먼저 모름지기 자신을 헤아려 보라. 남을 상하게 하는 말은 도리어 자기 스스로를 상하게 하는 것이니 피를 머금어서 남에게 뿜는다면 먼저 자기 입이 더러워지는 법이다."

| 凡戱는 無益이요 惟勤이 有功이니라. |
|---|
| 범희는 무익이요 유근이 유공이니라. |

　모름지기 노는 것은 이로운 것이 하나도 없고 오직 부지런히 일함으로써 공이 있느니라.

| 太公에 曰 瓜田에 不納履하고 李下에 不整冠이니라. |
|---|
| 태공에 왈 과전에 불납리하고 이하에 부정관이니라. |

　〈태공가교〉에 쓰여있다. "남의 참외밭에서 신을 고쳐 신지 말고 자두나무 아래에서 갓을 바로잡지 말라."

| 景行錄에 曰 心可逸이언정 形不可不勞요 道可樂이언정 心不可不憂니 形不勞則怠惰易弊하고 心不憂則荒淫不定이라 故로 逸生於勞而常休하고 樂生於憂而無厭하나니 逸樂者는 憂勞를 豈可忘乎아. |
|---|
| 경행록에 왈 심가일이언정 형불가불로요 도가락이언정 심불가불우니 형불로즉태타이폐하고 심불우즉황음부정이라 고로 일생어로이상휴하고 낙생어우이무염하나니 일락자는 우로를 기가망호아. |

　〈경행록〉에 쓰여있다. "마음은 편안할지언정 몸은 수고롭게 하지 않을 수 없고 도를 즐길지언정 마음은 근심하지 않을 수 없나니, 몸이 수고롭지 아니한즉 게을러서 무너지기 쉽고 마음에 근심하지 아니한즉 거칠고 음란하여 안정되지 아니하므로, 마음이 편안한 것은 몸의 수고로움에서 생겨야

항상 편안하고 도를 즐기는 것은 마음의 근심에서 생겨야 싫증이 없나니, 마음이 편안하고 도를 즐기는 자는 근심과 수고로움을 어찌 잊을 수 있겠는가?"

> 景行錄에 云 耳不聞人之非하고 目不視人之短하고 口不言人之過라야 庶幾君子니라.
> 경행록에 운 이불문인지비하고 목불시인지단하고 구불언인지과라야 서기군자니라.

〈경행록〉에 쓰여있다. "귀로는 남의 그릇됨을 듣지 아니하고 눈으로는 남의 단점을 보지 아니하고 입으로는 남의 허물을 말하지 아니하여야 군자라 할 수 있다."

> 蔡伯喈 曰 喜怒는 在心하고 言出於口하나니 不可不愼이니라.
> 채백개 왈 희노는 재심하고 언출어구하나니 불가불신이니라.

채백개가 말했다. "기뻐하고 성내는 것을 마음에 품고 있으면 입에서 말이 튀어 나오나니 삼가지 아니하면 아니된다."

* 채백개(蔡伯喈, 132~192): 중국 후한 영제(靈帝) 때의 학자이다. 자(字)는 백개(伯喈)이고, 이름은 옹(邕)이다.

> 宰予 晝寢이어늘 子 曰 朽木은 不可雕也요 糞土之墻은 不可圬也니라.
> 재여 주침이어늘 자 왈 후목은 불가조야요 분토지장은 불가오야니라.

재여가 낮잠을 자거늘 공자가 말했다. "썩은 나무는 조각할 수 없고 더럽고 푸석한 흙으로 쌓은 담장은 흙손질을 할 수 없다."

\* 재여(宰予): 춘추시대 노(魯)나라 사람이다. 공자의 문인(門人)인 십철(十哲)의 한 사람으로 말을 잘했다고 한다. 자(字)는 자아(子我), 그래서 재아(宰我)라고도 불렀다.

紫虛元君 誠諭心文에 曰 福生於淸儉하고 德生於卑退하고 道生於安靜하고 命生於和暢하고 憂生於多慾하고 禍生於多貪하고 過生於輕慢하고 罪生於不仁이니 戒眼莫看他非하고 戒口莫談他短하고 戒心莫自貪嗔하고 戒身莫隨惡伴하고 無益之言을 莫妄說하고 不干己事를 莫妄爲하고 尊君王孝父母하며 敬尊長奉有德하고 別賢愚恕無識하고 物順來而勿拒하며 物旣去而勿追하고 身未遇而勿望하며 事已過而勿思하라 聰明도 多暗昧요 算計도 失便宜니라 損人終自失이요 依勢禍相隨라 戒之在心하고 守之在氣하라 爲不節而亡家하고 因不廉而失位니라 勸君自警於平生하나니 可歎可警而可畏니라 上臨之以天鑑하고 下察之以地祇라 明有王法相繼하고 暗有鬼神相隨라 惟正可守요 心不可欺니 戒之戒之하라.

> 자허원군 성유심문에 왈 복생어청검하고 덕생어비퇴하고 도생어안정하고 명생어화창하고 우생어다욕하고 화생어다탐하고 과생어경만하고 죄생어불인이니 계안막간타비하고 계구막담타단하고 계심막자탐진하고 계신막수악반하고 무익지언을 막망설하고 불간기사를 막망위하고 존군왕효부모하며 경존장봉유덕하고 별현우서무식하고 물순래이물거하며 물기거이물추하고 신미우이물망하며 사이과이물사하라 총명도 다암매요 산계도 실편이니라 손인종자실이요 의세화상수라 계지재심하고 수지재기하라 위부절이망가하고 인불렴이실위니 권군자경어평생하나니 가탄가경이가외니라 상림지이천감하고 하찰지이지기라 명유왕법상계하고 암유귀신상수라 유정가수요 심불가기니 계지계지하라.

자허원군의 〈성유심문〉에 쓰여있다. "복은 깨끗하고 검소한 데서 생기고, 덕은 몸을 낮추고 사양하는 데서 생기고, 도는 평안하고 고요한 데서 생기고, 생명은 화창(부드럽고 밝음)한 데서 생기고, 근심은 욕심이 많은 데서 생기고, 재앙은 탐욕이 많은 데서 생기고, 잘못은 경솔하고 게으른 데서 생기고, 죄악은 어질지 못한 데서 생겨난다. 눈을 경계하여 남의 그릇됨을 보지 말고, 입을 경계하여 남의 단점을 말하지 말고, 마음을 경계하여 스스로 탐내어 성내지 말고, 몸을 경계하여 나쁜 친구를 따르지 말라. 이익이 되지 않는 말을 망령되이 말하지 말고, 자기하고 관계되지 않은 일을 망령되이 행하지 말라. 임금을 높이고 부모님께 효도하며 웃어른을 공경하며 덕이 있는 자를 받들고, 어질고 어리석은 것을 분별하고 무식한 사람을 어질게 대하라. 물건이 순리대로 오면 거절하지 말며 이미 갔으면 쫓지 말고, 자신이 어떤 기회를 만나지 못했으면 바라지 말며 일이 이미 지나갔거든 생각하지 말라. 총명한 사람도 어리석을 때가 많고 계획을 잘 세워 놓아도 편의를 잃는다. 남에게 피해를 끼치면 마침내 자신도 해를 입게 되고 권세에 의지하면 재앙이 따를 것이다. 경계할 것이 마음에 있고 지켜야 할 것은 기운에 있다. 절약하지 않으면 집이 망하게 되고, 청렴하지 않으면 지위를 잃게 된다. 그대에게 평생을 두고 스스로 경계할 것을 권하노니, 탄식할 만하고 놀랄 만하고 두려워할 만하니라. 위로는 하늘의 거울이 굽어보고 있고 아래로는 땅의 신령이 지켜보고 있다. 밝은 곳에서는 왕법(王法: 나라법)*이 서로 이어져 있고 어두운 곳에서는 귀신이 서로 따르고 있다. 오직 바른 것을 지키고 자기 마음을 속이지 말 것이니 경계하고 또 경계하라."

* 자허원군(紫虛元君): 도가(道家)이나, 이름과 연대가 분명하지 않다.
* 명심보감 본문에 '王法(왕법)'이 아니라 '三法(삼법)'으로 되어 있는 것도 있으며, 이 경우의 해석은 '경(輕), 중(中), 중(重)의 세 가지 율법(律法)'을 의미하는 것으로 해석하고 있다.

## 六. 안분편(安分篇)

> 景行錄에 云 知足可樂이요 務貪則憂이니라.
> 경행록에 운 지족가락이요 무탐즉우이니라.

〈경행록〉에 쓰여있다. "넉넉함을 알면 가히 즐거울 것이고 탐욕에 힘쓰면 근심하게 된다."

> 知足者는 貧賤亦樂이요 不知足者는 富貴亦憂니라.
> 지족자는 빈천역락이요 부지족자는 부귀역우니라.

만족함을 아는 자는 가난하고 천하여도 역시 즐거울 것이고 만족함을 알지 못하는 자는 부유하고 귀해도 역시 근심할 것이다.

> 濫想은 徒傷神이요 妄動은 反致禍니라.
> 남상은 도상신이요 망동은 반치화니라.

지나친 생각은 쓸데없이 정신을 상하게 하고 망령된 행동은 도리어 재앙에 이르게 한다.

> 知足常足이면 終身不辱하고 知止常止면 終身無恥니라.
> 지족상족이면 종신불욕하고 지지상지면 종신무치니라.

넉넉한 줄을 알고 항상 만족하면 종신토록 욕되지 아니하고 그칠 줄 알고 항상 절제하면 종신토록 부끄러움이 없을 것이다.

> 書에 曰 滿招損하고 謙受益이니라.
> 서에 왈 만초손하고 겸수익이니라.

〈서경(書經)〉에 쓰여있다. "자만하면 손해를 부르고 겸손하면 이익을 받게 된다."

* 서경(書經): 중국 유교의 3경(三經) 혹은 5경(五經) 가운데 하나로, 〈상서(尙書)〉라고 불리기도 한다. 요순(堯舜) 시절부터 주(周)나라에 이르기까지 내용을 기록한 책이다. 크게 〈우서(虞書)〉·〈하서(夏書)〉·〈상서(商書)〉·〈주서(周書)〉의 4부로 나뉘어 있는데, 각각 요순시대·하나라·상나라(은나라)·주나라와 관련된 각종 기록들을 싣고 있다. 서경(書經)의 '서(書)'는 공문서라는 의미이다. 본격적인 역사서는 아니나, 중국의 가장 오래된 역사서로 취급하고 있다.

> 安分吟에 曰 安分身無辱이요 知幾心自閑이니 雖居人世上이나 却是出人間이니라.
> 안분음에 왈 안분신무욕이요 지기심자한이니 수거인세상이나 각시출인간이니라.

〈안분음〉에 쓰여있다. "분수를 지켜 편안하면 몸에 욕됨이 없고 세상 돌아가는 형편을 잘 알면 마음이 저절로 한가해지니 비록 인간 세상에 살고 있으나 도리어 이것은 인간 세상에서 벗어나는 것이다."

* 안분음(安分吟): 중국 송(宋)나라 때 유학자이자 시인인 소옹(邵雍, 1012~1077)의 〈이천격양집(伊川擊壤集)〉에 실려 있으며, '안분시(安分詩)'라고도 한다. 시호(諡號)가 강절(康節)이어서 소강절(邵康節)로도 불렸다.

## 七. 존심편(存心篇)

> 景行錄에 云 坐密室을 如通衢하고 馭寸心을 如六馬하면 可免過니라.
> 경행록에 운 좌밀실을 여통구하고 어촌심을 여육마하면 가면과니라.

〈경행록〉에 쓰여있다. "밀실에 앉아 있더라도 마치 확 트인 네거리에 있는 것같이 하고 한 치의 마음 다스리기를 여섯 필의 말 부리는 것같이 하면 가히 허물을 면하게 된다."

> 擊壤詩에 云 富貴를 如將智力求인댄 仲尼年少合封侯니라　世人은　不解靑天意하고 空使身心半夜愁니라.
> 격양시에 운 부귀를 여장지력구인댄 중니연소합봉후니라 세인은 불해청천의하고 공사신심반야수니라.

〈격양시〉에 쓰여있다. "만일 부귀를 지혜와 힘으로 구할 수 있다면 공자께서도 젊었을 때 제후에 봉해졌을 것이다. 세상 사람들은 푸른 하늘의 뜻을 이해하지 못하고 헛되이 몸과 마음으로 하여금 밤중에 근심하게 한다."

* 격양시(擊壤詩): 중국 송(宋)나라 때 유학자이자 시인인 소옹(邵雍, 1012~1077)의 〈이천격양집(伊川擊壤集)〉에 있는 시(詩)로, 소옹의 시호(諡號)가 강절(康節)이어서 소강절(邵康節)로도 불렸다.

> 范忠宣公이 戒子弟 曰 人雖至愚나 責人則
> 明하고 雖有聰明이나 恕己則昏이니 爾曹는
> 但當以責人之心으로 責己하고 恕己之心으
> 로 恕人하면 則不患不到聖賢地位也니라.
>
> 범충선공이 계자제 왈 인수지우나 책인즉명하고 수유총명이나 서기즉혼이니 이조는
> 단당이책인지심으로 책기하고 서기지심으로 서인하면 즉불환부도성현지위야니라.

　　범충선공이 젊은이들을 훈계하여 말했다. "사람이 비록 지극히 어리석을 지라도 남을 꾸짖는 것은 잘하고 비록 총명함이 있다 하여도 자신을 용서하는 데는 어둡다. 너희들은 다만 마땅히 남을 꾸짖는 마음으로 자신을 꾸짖고 자신을 용서하는 마음으로 남을 용서하면 성현의 경지에 이르지 못할 것을 염려하지 않아도 된다."

* 범충공(范忠公): 중국 북송(北宋) 때의 재상으로 이름은 순인(純仁), 시호가 충선(忠宣)이다. 인종(仁宗) 때의 명신 범중엄(范仲淹)의 둘째 아들로 효성이 지극했던 것으로 알려졌다.

> 子曰 聰明思睿라도 守之以愚하고 功被天
> 下라도 守之以讓하고 勇力振世라도 守之
> 以怯하고 富有四海라도 守之以謙하라.
>
> 자 왈 총명사예라도 수지이우하고 공피천하라도 수지이양하고 용력진세라도 수지이겁하고 부유사해라도 수지이겸하라.

　　공자가 말했다. "총명하고 생각이 뛰어날지라도 어리석은 체하여야 하고 공적이 천하를 덮을지라도 사양하는 마음을 가져야 하고 용맹이 세상을 떨칠지라도 겁내는 마음을 가져야 하고 부유함이 온 천하를 차지했다 할지라도 겸손한 마음을 가져야 할 것이다."

존심편(存心篇)

> 素書에 云 薄施厚望者는 不報하고 貴而忘賤者는 不久니라.
>
> **소서**에 운 **박시후망자**는 **불보**하고 **귀이망천자**는 **불구**니라.

〈소서〉에 쓰여있다. "박하게 베풀고서 후하게 바라는 자는 보답받지 못하고, 귀하게 되고서 천할 때를 잊은 자는 오래가지 못한다."

* 소서(素書): 한(漢)나라 때의 황석공(黃石公)이 지은 책으로 지금은 전해지지 않으나, 그 후 송나라의 장상영(張商英)이 주(註)를 달아 펴냈다.

> 施恩이어든 勿求報하고 與人이어든 勿追悔하라.
>
> **시은**이어든 **물구보**하고 **여인**이어든 **물추회**하라.

은혜를 베풀었거든 보답받을 생각을 하지 말고, 남에게 주었거든 나중에 후회하지 말라.

> 孫思邈이 曰 膽欲大而心欲小하고 智欲圓而行欲方하라.
>
> **손사막**이 **왈 담욕대이심욕소**하고 **지욕원이행욕방**하라.

손사막이 말했다. "담력을 크게 가지되 마음가짐은 작게 하고, 지혜는 원만하고자 하되 행실은 방정하게 해야 할 것이다."

* 손사막(孫思邈): 당(唐)나라 때의 명의(名醫). 노자 사상, 음양, 의술에 두루 능했다. 저서로 천금방(千金方)이 있다.

* '知欲圓而行欲方'으로 된 판본도 있다. 한대(漢代) 이전 문헌은 '알 지(知)'와 '지혜 지(智)'를 모두 '지(知)'로 썼다. 그러나 그 후로는 知(알다)와 智(지혜)를 나누어 쓴 경우가 많

았다.

> 念念要如臨戰日하고 心心常似過橋時하라.
> 염념요여임전일하고 심심상사과교시하라.

    생각하고 생각하는 것은 매일 전쟁터에 나가는 것같이 하고, 마음은 늘 다리를 건널 때와 같이 조심하여야 한다.

> 懼法朝朝樂이요 欺公日日憂니라.
> 구법조조락이요 기공일일우니라.

    법을 두려워하면 아침마다 즐거울 것이고, 공(公)적인 일을 속이면 날마다 걱정하게 된다.

> 朱文公이 曰 守口如瓶하고 防意如城하라.
> 주문공이 왈 수구여병하고 방의여성하라.

    주문공이 말했다. "입 지키기를 병 막는 것같이 하고 뜻 막기를 성 막는 것같이 하라."

\* 주문공(朱文公): 중국 남송(南宋)의 대유(大儒), 주자(朱子)를 말한다. 이름은 희(熹)다.

> 心不負人이면 面無慚色이니라.
> 심불부인이면 면무참색이니라.

    마음속으로 다른 사람을 저버리지 않으면 얼굴에 부끄러운 기색이 없게 된다.

| 人無百歲人이나 枉作千年計니라. |
|---|
| 인무백세인이나 왕작천년계니라. |

사람은 백 살까지 살지도 못하면서 헛되이 천 년의 계획을 세운다.

| 寇萊公 六悔銘에 云 官行私曲失時悔요 富不儉用貧時悔요 藝不少學過時悔요 見事不學用時悔요 醉後狂言醒時悔요 安不將息病時悔니라. |
|---|
| 구래공 육회명에 운 관행사곡실시회요 부불검용빈시회요 예불소학과시회요 견사불학용시회요 취후광언성시회요 안불장식병시회니라. |

　구래공의 〈육회명〉에 쓰여있다. "관리가 부정한 행위를 행하면 지위를 잃었을 때 후회하게 되고, 부자가 검소하게 살지 않으면 가난해졌을 때 후회하게 되고, 재주를 젊었을 때 배우지 않으면 때가 지나서 후회하게 되고, 일을 보고 배우지 않으면 쓸 때가 되어서 후회하게 되고, 술 취해서 함부로 말하면 깼을 때 후회하게 되고, 건강할 때 장차 쉬지 않으면 병들었을 때 후회하게 된다."

* 구래공(寇萊公): 송(宋)나라 때의 정치가 구준(寇準)을 말한다.

* 육회명(六悔銘): 여섯 가지 후회할 만한 일을 경계하는 글을 말한다.

益智書에 云 寧無事而家貧이언정 莫有事而家富요 寧無事而住茅屋이언정 不有事而住金屋이요 寧無病而食麁飯이언정 不有病而服良藥이니라.

**익지서**에 운 **영무사이가빈**이언정 **막유사이가부**요 **영무사이주모옥**이언정 **불유사이주금옥**이요 **영무병이식추반**이언정 **불유병이복양약**이니라.

〈익지서〉에 쓰여있다. "차라리 아무 사고 없이 집이 가난할지언정 사고 있는 부잣집이 되지 말아야 하고, 차라리 사고 없이 초가집에 살지언정 사고 있는 좋은 집에서 살지 말아야 하고, 차라리 병이 없이 거친 밥을 먹을지언정 병이 있으면서 좋은 약을 먹지 말아야 한다."

心安이면 茅屋穩이요 性定이면 菜羹香이니라.

**심안**이면 **모옥온**이요 **성정**이면 **채갱향**이니라.

마음이 편안하면 초가집에 살더라도 편안하고 성품이 안정되면 나물국이라도 향기롭다.

景行錄에 云 責人者는 不全交요 自恕者는 不改過니라.

**경행록**에 운 **책인자**는 **부전교**요 **자서자**는 **불개과**니라.

〈경행록〉에 쓰여있다. "남을 꾸짖는 자는 온전하게 사귀지 못하고, 스스로 용서하는 자는 허물을 고치지 못한다."

> 夙興夜寐하여 所思忠孝者는 人不知나 天必知之요 飽食煖衣하여 怡然自衛者는 身雖安이나 其如子孫에 何오.
>
> **숙흥야매**하여 **소사충효자**는 **인부지**나 **천필지지**요 **포식난의**하여 **이연자위자**는 **신수안**이나 **기여자손**에 **하오**.

　아침 일찍 일어나 밤에 잠잘 때까지 충성과 효도만 생각하는 자는 사람들이 알지 못하더라도 하늘이 반드시 알고, 배불리 먹고 따뜻하게 입고서 편안하게 제 몸만 지키는 자는 자신은 비록 편안하나 그 자손은 어찌할 것인가?

＊ '소사충효자(所思忠孝者)'를 '상사충효자(常思忠孝者)'로 쓴 판본도 있다. '상(常)'도 뜻이 통하나, 대부분의 판본에서는 '소(所)'로 되어 있다.

> 以愛妻子之心으로 事親則曲盡其孝요 以保富貴之心으로 奉君則無往不忠이요 以責人之心으로 責己則寡過요 以恕己之心으로 恕人則全交니라.
>
> **이애처자지심**으로 **사친즉곡진기효**요 **이보부귀지심**으로 **봉군즉무왕불충**이요 **이책인지심**으로 **책기즉과과**요 **이서기지심**으로 **서인즉전교**니라.

　아내와 자식을 사랑하는 마음으로 어버이를 섬기면 그 효도가 곡진(曲盡: 마음과 정성을 다함)할 것이고, 부유하고 귀함을 보존하는 마음으로 임금을 받들면 어디를 간들 충성이 아닌 것이 없을 것이고, 남을 꾸짖는 마음으로 자신을 꾸짖으면 허물이 적고, 자기를 용서하는 마음으로 남을 용서하면 온전히 사귈 수 있다.

爾謀不臧이면 悔之何及이며 爾見不長이면 教之何益이리오 利心專則背道요 私意確則滅公이니라.

**이모부장**이면 **회지하급**이며 **이견부장**이면 **교지하익**이리오 **이심전즉배도**요 **사의확즉멸공**이니라.

네 꾀가 옳지 못하면 후회한들 어찌 되며, 너의 안목이 뛰어나지 못하면 가르친들 무슨 이익이 있으리오. 자기 이익만 생각하면 도리를 배반하게 되고 사사로운 뜻이 굳으면 공적(公的)인 일을 망치게 된다.

生事事生이요 省事事省이니라.

**생사사생**이요 **생사사생**이니라.

일을 만들려 하면 일이 생기고 일을 덜면 일이 줄어든다.

\* 省은 두 가지 훈음(訓音)을 가진다. '살필 성(省)'과 '덜 생(省)'. 예를 들면, 一日三省(일일삼성: 하루에 세 번씩 자신의 행동을 반성한다), 省略(생략: 전체에서 일부를 줄이거나 뺀다) 등을 들 수 있다.

존심편(存心篇)

## 八. 계성편(戒性篇)

> 景行錄에 云 人性이 如水하여 水一傾則不可復이요 性一縱則不可反이니 制水者는 必以堤防하고 制性者는 必以禮法이니라.
> 경행록에 운 인성이 여수하여 수일경즉불가복이요 성일종즉불가반이니 제수자는 필이제방하고 제성자는 필이예법이니라.

〈경행록〉에 쓰여있다. "사람의 성품은 물과 같아서 물은 한번 기울어지면 돌이킬 수 없고 성품은 한번 풀어지면 바로잡을 수 없을 것이니, 물을 다스리는 자는 반드시 제방을 쌓음으로써 되고 성품을 다스리는 자는 반드시 예법을 지킴으로써 된다."

> 忍一時之忿이면 免百日之憂니라.
> 인일시지분이면 면백일지우니라.

한때의 분한 마음을 참으면 백 일의 근심을 덜 수 있다.

> 得忍且忍이요 得戒且戒하라 不忍不戒면 小事成大니라.
> 득인차인이요 득계차계하라 불인불계면 소사성대니라.

참을 수 있으면 참으며 경계할 수 있으면 경계하라. 참지 못하고 경계하지 아니하면 작은 일이 큰일이 된다.

愚濁生嗔怒는 皆因理不通이라 休添心上火하고 只作耳邊風하라 長短은 家家有요 炎凉은 處處同이라 是非無實相하여 究竟摠成空이니라.

**우탁생진노**는 **개인리불통**이라 **휴첨심상화**하고 **지작이변풍**하라 장단은 가가유요 염량은 처처동이라 시비무실상하여 구경총성공이니라.

어리석고 똑똑하지 못한 사람이 화를 내는 것은 다 이치를 깨닫지 못하기 때문이다. 마음 위에 불길(火)을 더하지 말고 다만 귓전을 스치는 바람이라 생각하라. 장점과 단점은 집집마다 있고 덥고 서늘함은 곳곳마다 같다. 옳고 그른 것은 본래 실상이 없으므로 마침내 모든 게 다 헛것이 된다.

子張이 欲行에 辭於夫子할새 願賜一言이 爲修身之美하노이다. 子 曰 百行之本이 忍之爲上이니라 子張이 曰 何爲忍之닛고 子 曰 天子忍之면 國無害하고 諸侯忍之면 成其大하고 官吏忍之면 進其位하고 兄弟忍之면 家富貴하고 夫妻忍之면 終其世하고 朋友忍之면 名不廢하고 自身이 忍之면 無禍害니라.

> 자장이 욕행에 사어부자할새 원사일언이 위수신지미하노이다. 자 왈 백행지본이 인지위상이니라 자장이 왈 하위인지닛고 자 왈 천자인지면 국무해하고 제후인지면 성기대하고 관리인지면 진기위하고 형제인지면 가부귀하고 부처인지면 종기세하고 붕우인지면 명불폐하고 자신이 인지면 무화해니라.

자장이 떠나고자 함에 부자(夫子: 공자)에게 하직 인사를 하면서, 몸을 닦기에 좋은 한 말씀 해주길 원했다. 공자가 말했다. "백 가지(모든) 행실의 근본은 참음이 으뜸이다." 자장이 말했다. "참으면 어떻게 됩니까?" 공자가 말했다. "천자가 참으면 나라에 해가 없고, 제후가 참으면 큰 나라를 이루게 되고, 관리가 참으면 그 지위가 올라가고, 형제가 참으면 집안이 부귀하게 되고, 남편과 아내가 참으면 일생을 해로할 수 있고, 벗끼리 참으면 이름이 깎이지 아니하고, 자기 스스로 참으면 근심과 재앙이 없을 것이다."

* 자장(子張): 성은 전손(顓孫), 이름은 사(師), 자(字)가 자장이다. 공자의 제자로 말솜씨가 뛰어났다고 전해진다.

> 子張 曰 不忍則如何닛고 子 曰 天子不忍이면 國空虛하고 諸侯不忍이면 喪其軀하고 官吏不忍이면 刑法誅하고 兄弟不忍이면 各分居하고 夫妻不忍이면 令子孤하고 朋友不忍이면 情意疎하고 自身이 不忍이면 患不除니라 子張 曰 善哉善哉라 難忍難忍이여 非人不忍이요 不忍非人이로다.

> 자장 왈 불인즉여하닛고 자 왈 천자불인이면 국공허하고 제후불인이면 상기구하고 관리불인이면 형법주하고 형제불인이면 각분거하고 부처불인이면 영자고하고 붕우불인이면 정의소하고 자신이 불인이면 환부제니라 자장 왈 선재선재라 난인난인이여 비인불인이요 불인비인이로다.

자장이 말하기를 "참지 못하면 어떻게 됩니까?" 공자가 말했다. "천자가 참지 못하면 나라가 망하게 되고, 제후가 참지 못하면 그 몸을 잃게 되고, 관리가 참지 못하면 나라의 법에 따라 죽게 되고, 형제가 참지 못하면 헤어져 살게 살고, 남편과 아내가 참지 못하면 자식을 고아가 되게 하고, 벗끼리 참지 못하면 정이 멀어지고, 스스로 참지 못하면 근심이 없어지지 않을 것이다." 자장이 말했다. "좋은 말씀이여 좋은 말씀이여 참기 어려움이여 참기 어려움이여, 사람이 아니면 참지 못할 것이요 참지 못할 것 같으면 사람이 아니로다."

> 景行錄에 云 屈己者는 能處重하고 好勝者는 必遇敵이니라.
>
> 경행록에 운 굴기자는 능처중하고 호승자는 필우적이니라.

〈경행록〉에 쓰여있다. "자기 자신을 스스로 굽히는 자는 능히 중요한 자리에 이를 수 있으며, 이기기를 좋아하는 사람은 반드시 적을 만나게 된다."

> 惡人이 罵善人커든 善人은 摠不對하라 不對면 心淸閑이요 罵者는 口熱沸니라 正如人唾天하여 還從己身墜이니라.
>
> 악인이 매선인커든 선인은 총부대하라 부대면 심청한이요 매자는 구열비니라 정여인 타천하여 환종기신추이니라.

악한 사람이 착한 사람을 꾸짖거든 착한 사람은 결코 대꾸하지 말라. 대꾸하지 않으면 마음이 맑고 편안하나 꾸짖는 자는 입이 뜨겁게 끓을 것이다. 마치 사람이 하늘에 침을 뱉는 것과 같아서 도로 자기의 몸에 떨어지게 된다.

---

我若被人罵라도 佯聾不分說하라 譬如火燒空하여 不救自然滅이라 我心은 等虛空이어늘 摠爾飜脣舌이니라.

아약피인매라도 양롱불분설하라 비여화소공하여 불구자연멸이라 아심은 등허공이어늘 총이번순설이니라.

---

내가 만약 남에게 욕을 먹을지라도 귀머거리인 양 말하지 말라. 비유하건대 불이 허공에서 타는 것 같아서 끄지 아니하여도 스스로 꺼진다. 내 마음은 허공과 같은데 너의 입술과 혀만이 엎쳤다뒤쳤다 할 뿐이다.

---

凡事에 留人情이면 後來에 好相見이니라.

범사에 유인정이면 후래에 호상견이니라.

---

모든 일에 인정을 남겨두어야 나중에 서로 좋은 얼굴로 만나게 된다.

## 九. 근학편(勤學篇)

> 子夏 曰 博學而篤志하고 切問而近思면 仁在其中矣니라.
>
> 자하 왈 박학이독지하고 절문이근사면 인재기중의니라.

　자하(子夏)가 말했다. "널리 배우고 뜻을 돈독하게 하고 간절히 묻고 가까운 것에서부터 생각하면 인(仁)이 그 안에 있다."

\* 판본에는 공자가 한 말로 되어 있으나, 〈논어(論語)〉 자장편(子張篇)에 공자의 제자인 자하(子夏)가 한 말로 되어 있다.

> 莊子 曰 人之不學은 如登天而無術하고 學而智遠이면 如披祥雲而覩靑天하고 登高山而望四海니라.
>
> 장자 왈 인지불학은 여등천이무술하고 학이지원이면 여피상운이도청천하고 등고산이망사해니라.

　장자가 말했다. "사람이 배우려 하지 않는 것은 재주도 없이 하늘에 오르는 것 같고, 배워서 지혜가 멀리까지 미치면 상서로운 구름을 헤치고 푸른 하늘을 보는 것 같고, 높은 산에 올라서 사해(四海: 세상 천하)를 바라보는 것과 같다."

> 禮記에 曰 玉不琢이면 不成器하고 人不學이면 不知道\*니라.
>
> 예기에 왈 옥불탁이면 불성기하고 인불학이면 부지도니라.

〈예기〉에 쓰여있다. "옥은 쪼아 다듬지 않으면 옥그릇을 만들지 못하고, 사람은 배우지 않으면 도리를 알지 못한다"

* 예기(禮記): 오경(五經)의 하나로 대성(戴聖)이 주(周)나라 말기부터 진한(秦漢) 시대의 제도와 예법 등을 담은 책으로, 주례(周禮), 의례(儀禮)와 함께 삼례(三禮)라고 한다.
* 명심보감 판본에서는 '不知義(부지의)'로 되어 있는 것도 있으나, 예기(禮記) 학기편(學記篇)에 '不知道(부지도)'로 되어 있어 예기(禮記)에 따라 고쳐 놓았다.

| 太公에 曰 人生不學이면 如冥冥夜行이니라. |
|---|
| 태공에 왈 인생불학이면 여명명야행이니라. |

〈태공가교〉에 쓰여있다. "사람이 살아가며 배우지 않으면 어두운 밤길을 가는 것과 같다."

| 韓文公 曰 人不通古今이면 馬牛而襟裾니라. |
|---|
| 한문공 왈 인불통고금이면 마우이금거니라. |

한문공이 말했다. "사람이 고금(古今)의 일에 통달하지 못하면 사람 옷을 입은 마소와 같다."

* 한문공(韓文公): 이름은 유(愈), 자(字)는 퇴지(退之)로 당나라 덕종 때의 문학가로 '당송(唐宋) 팔대가(八大家)'의 한 사람으로 꼽힌다. 당송 팔대가는 당나라의 한유(韓愈)와 유종원(柳宗元), 송나라의 구양수(歐陽修), 소순(蘇洵), 소식(蘇軾), 소철(蘇轍), 증공(曾鞏), 왕안석(王安石) 등 8명이다.

> 朱文公이 曰 家若貧이라도 不可因貧而廢學이요 家若富라도 不可恃富而怠學이니 貧若勤學이면 可以立身이요 富若勤學이면 名乃光榮이니라 惟見學者顯達이요 不見學者無成이니 學者는 乃身之寶요 學者는 乃世之珍이니라 是故로 學則乃爲君子요 不學則爲小人이니 後之學者여 宜各勉之하라.
>
> 주문공이 왈 가약빈이라도 불가인빈이폐학이요 가약부라도 불가시부이태학이니 빈약근학이면 가이입신이요 부약근학이면 명내광영이니라 유견학자현달이요 불견학자무성이니 학자는 내신지보요 학자는 내세지진이니라 시고로 학즉내위군자요 불학즉위소인이니 후지학자여 의각면지하라.

주문공이 말했다. "만약 집이 가난하더라도 가난함으로 인하여서 배움을 폐하면 아니 되고, 만약 집이 부유하더라도 부유함을 믿고서 배움을 게을리하면 아니 된다. 가난한 사람이 만약 부지런하게 배우면 능히 몸을 일으킬 수 있고, 부유한 사람이 만약 부지런하게 배우면 이름이 더욱 빛날 것이다. 오직 배운 사람만이 현달(顯達)한 것을 보았으며 배운 사람으로서 성공하지 못하는 것을 보지 못하였나니, 배움이란 곧 몸의 보배이고 배운 사람은 곧 세상의 보배이다. 그러므로 배우면 군자가 되고 배우지 않으면 소인이 된다. 후에 배우는 사람은 각각 마땅히 힘써야 할 것이다."

\* 현달(顯達): 벼슬, 명성, 덕망이 높아서 이름이 세상에 드러남을 말한다.

> 徽宗皇帝 曰 學者는 如禾如稻요 不學者는 如蒿如草로다 如禾如稻兮여 國之精糧世之大寶로다. 如蒿如草兮여 耕者憎嫌하고 鋤者煩惱니라 他日面墙에 悔之已老로다.
>
> **휘종황제 왈 학자는 여화여도요 불학자는 여호여초로다 여화여도혜여 국지정량세지대보로다. 여호여초혜여 경자증혐하고 서자번뇌니라 타일면장에 회지이로로다.**

　　휘종황제가 말했다. "배우는 자는 곡식과 같고 벼와 같으며, 배우지 않는 자는 쑥과 같고 풀과 같도다. 곡식과 벼 같음이여! 나라의 좋은 양식이요 세상의 큰 보배로다. 쑥이나 풀과 같음이여! 밭 가는 자가 보기 싫어 미워하고 김매는 자가 수고롭고 힘이 든다. 훗날에 얼굴을 담장에 마주한 것과 같을 적에는 뉘우친들 이미 늙었도다."

\* 면장(面墙): 〈논어(論語)〉 양화편(陽貨篇, 10장)에 나오는 '기유정장면이립야여(其猶正牆面而立也與)'에서 따온 구절로, 담장을 정면으로 마주하여 앞이 깜깜함으로써 아무것도 알 수 없다는 의미이다.

> 論語에 曰 學如不及이요 猶恐失之하라.
>
> **논어에 왈 학여불급이요 유공실지하라.**

　　논어에 쓰여있다. "배우는 것을 다하지 못한 것같이 하고, 오직 배운 것을 잃을까 두려워해야 한다."

\* 논어(論語): 유교의 경전(經典)으로 사서(四書)의 하나이다. 공자가 죽은 후에 제자들이 그의 성품, 행실과 말씀을 모아 엮은 책으로 20편으로 되어 있다.

\* '유공실지(猶恐失之)'의 '유(猶)'를 '유(惟)'로 쓴 판본도 있으나, 원문인 〈논어(論語)〉 태백편(泰伯篇)에 '유(猶)'로 되어 있다.

# 十. 훈자편(訓子篇)

> 景行錄에 云 賓客不來門戶俗하고 詩書無敎子孫愚이니라.
>
> **경행록**에 운 **빈객불래문호속**하고 **시서무교자손우**이니라.

〈경행록〉에 쓰여있다. "손님이 집에 오지 아니하면 집안이 저속해지고, 시서(詩書, 시경과 서경, 글)를 가르치지 않으면 자손이 어리석게 된다."

> 莊子 曰 事雖小나 不作이면 不成이요 子雖賢이나 不敎면 不明이니라.
>
> **장자 왈 사수소**나 **부작**이면 **불성**이요 **자수현**이나 **불교**면 **불명**이니라.

장자가 말했다. "일이 비록 사소하더라도 행하지 않으면 이루지 못하고, 자식이 비록 어질지라도 가르치지 않으면 현명하지 못하게 된다."

> 漢書에 云 黃金滿籯이 不如敎子一經이요 賜子千金이 不如敎子一藝니라.
>
> **한서**에 운 **황금만영**이 **불여교자일경**이요 **사자천금**이 **불여교자일예**니라.

〈한서〉에 쓰여있다. "황금이 상자에 가득 차 있다 해도 자식에게 경서 한 권을 가르치는 것만 못하고 자식에게 천금을 물려준다 하더라도 자식에게 재주 한 가지를 가르치는 것만 못하다."

\* 판본 중에는 '籯(상자 영)'을 '盈(찰 영)'으로 쓴 것도 있지만, '籯(영)'이 적정하다.

> 至樂은 莫如讀書요 至要는 莫如敎子니라.
>
> 지락은 막여독서요 지요는 막여교자니라.

　　지극한 즐거움 가운데 책 읽는 것 만한 게 없고 지극히 중요한 것 가운데 자식 가르치는 것 만한 게 없다.

> 呂滎公이 曰 內無賢父兄하고 外無嚴師友而能有成者가 鮮矣니라.
>
> 여형공이 왈 내무현부형하고 외무엄사우이능유성자가 선의니라.

　　여형공이 말했다. "집안에 어진 아버지와 형이 없고 밖으로 엄한 스승과 벗이 없으면서도 능히 성취를 이룬 이는 드물다."

\* 여형공(呂滎公, 1039~1116): 북송(北宋) 때의 학자로, 이름은 희철(希哲), 형공(滎公)은 시호(諡號)이다.

> 太公에 曰 男子失敎면 長必頑愚하고 女子失敎면 長必麤疎니라.
>
> 태공에 왈 남자실교면 장필완우하고 여자실교면 장필추소니라.

　　〈태공가교〉에 쓰여있다. "남자아이 가르치기를 놓치면 자라서 반드시 완고하고 어리석어지고, 여자아이 가르치기를 놓치면 자라서 반드시 거칠고 솜씨가 없게 된다."

\* 麤(추)를 麁(추)로 쓴 판본도 있다. 둘 다 훈음(訓音)은 '거칠 추'이다.

> 男年長大어든 莫習樂酒하고 女年長大어든 莫令遊走하라.
>
> 남년장대어든 막습낙주하고 여년장대어든 막령유주하라.

남자아이가 나이 들거든 풍악(風樂)과 술을 배우게 하지 말고, 여자아이가 나이 들거든 놀러 다니지 못하게 하라.

> 嚴父는 出孝子하고 嚴母는 出孝女니라.
>
> 엄부는 출효자하고 엄모는 출효녀니라.

엄한 아버지는 효자를 길러내고 엄한 어머니는 효녀를 길러낸다.

> 憐兒어든 多與棒하고 憎兒어든 多與食하라.
>
> 연아어든 다여봉하고 증아어든 다여식하라.

아이를 어여삐 여기거든 사랑의 매를 많이 들고 아이를 미워하거든 먹을 것을 많이 주어라.

> 人皆愛珠玉이나 我愛子孫賢이니라.
>
> 인개애주옥이나 아애자손현이니라.

사람들은 모두 귀중한 주옥(珠玉: 보석)을 사랑하지만 나는 자손이 현명해지는 것을 사랑한다.

훈자편(訓子篇)

## 十一. 성심편(省心篇 - 上)

> 景行錄에 云 寶貨는 用之有盡이요 忠孝는 享之無窮이니라.
> 경행록에 운 보화는 용지유진이요 충효는 향지무궁이니라.

〈경행록〉에 쓰여있다. "보배와 재물은 쓰면 다함이 있지만 충성과 효도는 누려도 다함이 없다."

> 家和貧也好어니와 不義富如何오 但存一子孝면 何用子孫多리오.
> 가화빈야호어니와 불의부여하오 단존일자효면 하용자손다리오.

가정이 화목하면 가난해도 좋거니와 서로 뜻이 맞지 않으면 돈이 많은들 무엇하리오. 다만 효도하는 자식이 한 명이라도 있다면[그것으로 되었지], 자손이 많다고 한들 무슨 소용이리오.

> 父不憂心因子孝요 夫無煩惱是妻賢이라 言多語失皆因酒요 義斷親疎只爲錢이니라.
> 부불우심인자효요 부무번뇌시처현이라 언다어실개인주요 의단친소지위전이니라.

아버지에게 근심이 없는 것은 자식이 효도하기 때문이고, 남편이 번뇌하지 않는 것은 아내가 어질기 때문이다. 말을 많고 말실수가 많은 것은 다 술 때문이고. 의가 끊어지고 친한 사이가 멀어지는 것은 다 돈 때문이다.

> 旣取非常樂이어든 須防不測憂하라.
> 기취비상락이어든 수방불측우하라.

이미 일상적이지 않은 즐거움을 취하였거든 모름지기 예측하지 못하는 근심을 대비하여야 한다.

> 得寵思辱하고 居安慮危하라.
> 득총사욕하고 거안려위하라.

총애를 받을 때는 치욕 당할 일을 생각하고 편안하게 지낼 때는 닥쳐올 위기를 생각해야 한다.

> 榮輕辱淺이요 利重害深이니라.
> 영경욕천이요 이중해심이니라.

영예가 가벼우면 욕됨이 얕을 것이고 이익이 무거우면 손해도 깊을 것이다.

> 甚愛必甚費요 甚譽必甚毀요 甚喜必甚憂요 甚贓必甚亡이니라.
> 심애필심비요 심예필심훼요 심희필심우요 심장필심망이니라.

지나치게 아끼면 반드시 낭비도 심해지고, 칭찬받음이 지나치면 반드시 헐뜯음도 심해지고, 기쁨이 지나치면 반드시 심한 근심을 가져오고, 뇌물 받음이 지나치면 반드시 심한 멸망을 가져온다.

* 愛(애)는 훈음(訓音)이 '사랑 애(愛)'가 대부분이나, 여기서는 '아낄 애(愛)'로 쓰였다. 예로는, 孝子愛日(효자애일: '효자는 날을 아낀다'는 뜻으로, 될 수 있는 한 오래 부모에게

성심편 상(省心篇 - 上)

효성을 다하여 섬기고자 함을 비유적으로 표현한 사자성어)을 들 수 있다.

> 子曰 不觀高崖면 何以知顚墜之患이며 不臨深泉이면 何以知沒溺之患이며 不觀巨海면 何以知風波之患이리오.
> 
> **자 왈 불관고애**면 **하이지전추지환**이며 **불림심천**이면 **하이지몰닉지환**이며 **불관거해**면 **하이지풍파지환**이리오.

공자가 말했다. "높은 낭떠러지를 보지 않았다면 어찌 굴러 떨어지는 근심을 알 것이며, 깊은 연못에 가보지 않았다면 어찌 물에 빠지는 근심을 알 것이며, 큰 바다를 보지 않았다면 어찌 풍파(風波)의 무서움을 알겠느냐?"

> 欲知未來인댄 先察已然이니라.
> 
> **욕지미래**인댄 **선찰이연**이니라.

오지 않은 미래를 알고자 하려면 먼저 이미 지나간 것을 살펴보아야 한다.

> 子曰 明鏡은 所以察形이요 往者는 所以知今이니라.
> 
> **자 왈 명경**은 **소이찰형**이요 **왕자**는 **소이지금**이니라.

공자가 말했다. "밝은 거울은 이로써 자신의 몸을 살필 수 있고, 지나간 일은 이로써 지금(只今: 현재)을 알 수 있게 한다."

> 過去事는 如明鏡이요 未來事는 暗似漆이니라.
>
> **과거사**는 **여명경**이요 **미래사**는 **암사칠**이니라.

지나간 일은 밝은 거울과 같고 미래의 일은 칠흑같이 어둡다.

> 景行錄에 云 明朝之事를 薄暮에 不可必이요 薄暮之事를 哺時에 不可必이니라.
>
> **경행록**에 운 **명조지사**를 **박모**에 **불가필**이요 **박모지사**를 **포시**에 **불가필**이니라.

〈경행록〉에 쓰여있다. "내일 아침의 일을 오늘 저녁 무렵에 꼭 그렇게 된다고 단정할 수 없고, 저녁 무렵의 일을 포시(哺時)에 꼭 그렇게 된다고 단정할 수 없다."

* 포시(哺時): '신시(申時)'라고도 하며, 오후 3시부터 5시까지의 시간을 말한다.

> 天有不測風雨하고 人有朝夕禍福이니라.
>
> **천유불측풍우**하고 **인유조석화복**이니라.

하늘에는 헤아리기 어려운 바람과 비가 있고 사람에게는 아침저녁(일상)으로 재앙과 행복이 있다.

> 未歸三尺土하얀 難保百年身이요 已歸三尺土하얀 難保百年墳이니라.
>
> **미귀삼척토**하얀 **난보백년신**이요 **이귀삼척토**하얀 **난보백년분**이니라.

석 자 흙 속으로 돌아가기까지 백 살의 몸을 보전하기 어렵고, 석 자 흙 속으로 돌아간 후에도 백 년 동안 무덤을 보전하기 어렵다.

> 景行錄에 云 木有所養則根本固而枝葉茂하야 棟樑之材成하고 水有所養則泉源壯而流派長하야 灌漑之利博하고 人有所養則志氣大而識見明하야 忠義之士出이니 可不養哉리오.
>
> 경행록에 운 목유소양즉근본고이지엽무하야 동량지재성하고 수유소양즉천원장이유파장하야 관개지리박하고 인유소양즉지기대이식견명하야 충의지사출이니 가불양재리오.

〈경행록〉에 쓰여있다. "나무를 잘 기르면 뿌리가 튼튼하고 가지와 잎이 무성하여 기둥과 들보의 재목이 될 수 있고, 수원(水源)을 잘 만들어 놓으면 물줄기가 풍부하고 흐름이 길어서 관개(灌漑)의 이익이 널리 베풀어지고, 사람을 잘 기르면 지기(志氣)가 크고 식견이 밝아서 충성스럽고 의로운 선비가 나오나니 어찌 기르지 아니하겠는가?"

> 自信者는 人亦信之하나니 吳越이 皆兄弟요 自疑者는 人亦疑之하나니 身外皆敵國이니라.
>
> 자신자는 인역신지하나니 오월이 개형제요 자의자는 인역의지하나니 신외개적국이니라.

자신을 믿는 자는 남도 또한 믿나니 오나라와 월나라처럼 적국(敵國)이라도 다 형제가 되고, 자기 자신을 의심하는 자는 남도 또한 의심하나니 자기 자신 외에는 다 적국(敵國)처럼 된다.

疑人莫用하고 用人勿疑하라.
의인막용하고 용인물의하라.

의심스러운 사람이라면 쓰지 말고 사람을 썼거든 의심하지 말라.

諷諫에 云 水底魚天邊雁은 高可射兮低可釣어니와 惟有人心咫尺間에 咫尺人心不可料니라.
풍간에 운 수저어천변안은 고가사혜저가조어니와 유유인심지척간에 지척인심불가료니라.

〈풍간〉에 쓰여있다. "물속 깊이 사는 물고기와 하늘 높이 날아가는 기러기는 높은 데 있는 것은 활로 쏠 수 있고 낮은 데 있는 것은 낚을 수 있거니와 오직 사람의 마음은 가까운 데 있어도 그 마음은 헤아릴 길 없다."

* 풍간(諷諫): 책 이름이며, '풍간'의 의미는 완곡한 표현으로 잘못을 고치도록 권고하는 것을 말한다.

畵虎畵皮難畵骨이요 知人知面不知心이니라.
화호화피난화골이요 지인지면부지심이니라.

호랑이를 그리면서도 그 가죽은 그릴 수 있으나 뼈까지 그리기는 어렵고, 사람을 알아보되 얼굴은 알아도 그 마음까지 알아내기는 어렵다.

對面共話하되 心隔千山이니라.
대면공화하되 심격천산이니라.

얼굴을 마주하고 서로 이야기를 하되 마음은 천산을 사이에 둔 것처럼 멀리 떨어져 있다.

> 海枯終見底나 人死不知心이니라.
> 해고종견저나 인사부지심이니라.

바다가 마르면 마침내 그 바닥을 볼 수 있으나 사람은 죽어도 그 마음까지 알기는 어렵다.

> 太公에 曰 凡人은 不可逆相*이요 海水는 不可斗量이니라.
> 태공에 왈 범인은 불가역상*이요 해수는 불가두량이니라.

〈태공가교〉에 쓰여있다. "무릇 사람은 [운명을] 미리 점칠 수 없고 바닷물은 말(斗)로는 셀 수 없다."

* 逆相(역상)의 각 훈음(訓音)은 다음과 같이 쓴다.

  逆(역: 거스릴 역, 맞이할 역, 미리 역 등), 相(상: 볼 상, 점칠 상 등)

> 景行錄에 云 結怨於人은 謂之種禍요 捨善不爲는 謂之自賊이니라.
> 경행록에 운 결원어인은 위지종화요 사선불위는 위지자적이니라.

〈경행록〉에 쓰여있다. "사람이 원한을 맺는 것을 재앙을 심는 것이고. 선(善)을 버리고서 행하지 않는 것은 스스로를 해치는 것이다."

> 若聽一面說이면 便見相離別이니라.
>
> **약청일면설**이면 **변견상이별**이니라.

만약 한쪽의 말만 들으면 머지않아 서로 사이가 멀어짐을 보게 될 것이다.

> 飽煖에 思淫慾하고 飢寒에 發道心이니라.
>
> **포난**에 **사음욕**하고 **기한**에 **발도심**이니라.

배부르고 따뜻하면 음란한 욕망이 생각나고, 굶주리고 추우면 올바른 마음이 생겨난다.

> 疏廣 曰 賢人多財면 則損其志하고 愚人多財면 則益其過니라.
>
> **소광 왈 현인다재**면 **즉손기지**하고 **우인다재**면 **즉익기과**니라.

소광이 말했다. "어진 사람이 재물이 많으면 그 지조(志操)를 잃게 되고, 어리석은 사람이 재물이 많으면 그 허물을 더하게 된다."

* 소광(疏廣): 중국 한(漢)나라 때 사람으로, 자(字)는 중옹(仲翁)이다.

> 人貧智短하고 福至心靈이니라.
>
> **인빈지단**하고 **복지심령**이니라.

사람이 가난하면 지혜도 짧아지고, 복이 지극(至極)하면 마음이 영통해진다.

성심편 상(省心篇 - 上)

| 不經一事면 不長一智니라. |
|---|
| **불경일사**면 **부장일지**니라. |

한 가지 일을 경험하지 아니하면 한 가지 지혜가 자라지 아니한다.

| 是非終日有라도 不聽自然無니라. |
|---|
| **시비종일유**라도 **불청자연무**니라. |

옳다거니 그러다거니 싸움이 종일토록 있더라도 듣지 아니하면 자연히 없어진다.

| 來說是非者는 便是是非人이니라. |
|---|
| **내설시비자**는 **변시시비인**이니라. |

와서 남의 옳고 그름을 말하려 하는 자가 바로 시비를 거는 사람이다.

| 擊壤詩에 云 平生에 不作皺眉事면 世上에 應無切齒人이니 大名을 豈有鐫頑石가 路上行人이 口勝碑니라. |
|---|
| **격양시**에 **운 평생**에 **부작추미사**면 **세상**에 **응무절치인**이니 **대명**을 **기유전완석**가 **노상행인**이 **구승비**니라. |

〈격양시〉에 쓰여있다. "평소에 눈썹 찡그리는 일을 만들지 아니하면 세상에 이를 갈 사람이 없을 것이다. 큰 이름을 어찌 뜻 없는 돌에 새기겠는가? 길 가는 사람의 입으로 말하는 것이 비석에 새겨놓는 것보다 낫다."

* 〈참고〉 한문에서는, '평생(平生)'은 '평소'로, '생평(生平)'은 '평생'으로 해석한다.

* 격양시(擊壤詩): 소옹(邵雍)의 〈이천격양집(伊川擊壤集)〉에 있는 시(詩)를 말한다.

> 有麝自然香이니 何必當風立고.
> 유사자연향이니 하필당풍립고.

　사향이 있으면 저절로 향기로워지니 어찌 반드시 바람을 맞아야만 향기롭겠는가?

> 有福莫享盡하라 福盡身貧窮이요 有勢莫使盡하라 勢盡怨相逢이니라 福兮常自惜하고 勢兮常自恭하라 人生驕與侈는 有始多無終이니라.
> 유복막향진하라 복진신빈궁이요 유세막사진하라 세진원상봉이니라 복혜상자석하고 세혜상자공하라 인생교여치는 유시다무종이니라.

　복이 있어도 다 누리지 말라. 복이 다하면 가난해지고 궁색해진다. 권세가 있어도 다 부리지 말라. 권세가 다하면 원수와 서로 만난다. 복이 있으면 항상 스스로 아끼고 권세를 가지면 항상 스스로 공손하라. 사람의 인생에서 교만과 사치는 시작은 있으나 대부분 끝은 없는 법이다.

> 王參政 四留銘에 曰 留有餘不盡之巧하야 以還造物하고 留有餘不盡之祿하야 以還朝廷하고 留有餘不盡之財하야 以還百姓하고 留有餘不盡之福하야 以還子孫하라.

> 왕참정 사유명에 왈 유유여부진지교하야 이환조물하고 유유여부진지록하야 이환조정하고 유유여부진지재하야 이환백성하고 유유여부진지복하야 이환자손하라.

　왕참정이 사유명에서 말했다. "여유가 있어 다 쓰지 않은 재주는 남겼다가 조물주에게 돌려주고, 여유가 있어 다 쓰지 않은 봉록(俸祿)은 남겼다가 조정(朝庭)에 돌려주고, 여유가 있어 다 쓰지 않은 재물은 남겼다가 백성에게 돌려주고, 여유가 있어 다 쓰지 않은 복은 남겼다가 자손에게 돌려주어야 할 것이다."

* 왕참정(王參政) 사유명(四留銘): 왕참정은 북송(北宋) 진종(眞宗) 때의 정치가로 이름은 단(旦)이다. 참정(參政)은 북송의 벼슬 이름(參知政事 참지정사)이다. 사유명(四留銘)은 남겨 두어야 할 네 가지 좌우명(座右銘)을 말한다.

> 黃金千兩이 未爲貴요 得人一語가 勝千金이니라.
> 황금천냥이 미위귀요 득인일어가 승천금이니라.

　황금 천 냥이 귀한 것이 아니고 남에게 듣는 좋은 말 한 마디가 천금보다 낫다.

> 巧者는 拙之奴요 苦者는 樂之母니라.
> 교자는 졸지노요 고자는 낙지모니라.

　솜씨는 둔함의 종이고, 괴로움은 즐거움의 어머니이다.

> 小船은 難堪重載요 深逕은 不宜獨行이니라.
> 소선은 난감중재요 심경은 불의독행이니라.

　작은 배는 물건을 무겁게 싣는 것을 견디기 어렵고, 으슥한 길은 홀로

다니기에 마땅하지 아니하다.

> **黃金이 未是貴요 安樂이 値錢多니라.**
> 황금이 미시귀요 안락이 치전다니라.

　황금이 귀한 것이 아니고 편안하고 즐거운 것이 값어치가 많은 것이다.

> **在家에 不會邀賓客이면 出外에 方知少主人이니라.**
> 재가에 불회요빈객이면 출외에 방지소주인이니라.

　집에서 손님을 맞아 모실 줄 모르면 밖에 나가서 바야흐로 [맞아주는] 주인이 적음을 알게 된다.

> **貧居鬧市無相識이요 富住深山有遠親이니라.**
> 빈거요시무상식이요 부주심산유원친이니라.

　가난하게 살면 시끌벅적한 시장에 살아도 서로 아는 사람이 없고, 부유하게 살면 깊은 산속에 살아도 멀리서 찾아오는 친구가 있다.

> **人義는 盡從貧處斷이요 世情은 便向有錢家니라.**
> 인의는 진종빈처단이요 세정은 변향유전가니라.

　사람의 의리는 다 가난한 데서 끊어지고 세상의 인정은 곧 돈 있는 집으로 향한다.

> 寧塞無底缸이언정 難塞鼻下橫이니라.
>
> **영색무저항**이언정 **난색비하횡**이니라.

차라리 밑 빠진 항아리는 막을지언정 코 아래 가로놓인 것(입)을 막기는 어렵다.

> 人情은 皆爲窘中疎니라.
>
> **인정**은 **개위군중소**니라.

사람의 정(情)은 모두 군색한 가운데 서먹서먹해진다.

* 군(窘): 군색(窘塞: 군색할 군/군색할 색), 필요한 것이 없거나 모자라서 딱하고 옹색함을 말한다.

> 史記에 曰 郊天禮廟는 非酒不享이요 君臣朋友는 非酒不義요 鬪爭相和는 非酒不勸이니라 故로 酒有成敗而不可泛飮之니라.
>
> **사기**에 **왈 교천예묘**는 **비주불향**이요 **군신붕우**는 **비주불의**요 **투쟁상화**는 **비주불권**이니라 고로 **주유성패이불가범음지**니라.

〈사기〉에 쓰여있다. "하늘에 교사(郊祀: 천지의 제사)를 지내고 종묘(사당)에 제사 지낼 때 술이 아니면 흠향하지 못하고, 임금과 신하, 벗과 벗은 술이 아니면 의리가 두터워지지 못하고, 다투고 서로 화해할 때 술이 아니면 권하지 못한다. 그런고로 술은 성공도 실패도 있는 것이니 함부로 마셔서는 안 된다."

* 사기(史記): 중국 전한의 사마천(司馬遷)이 상고 시대의 오제 ~ 한나라 무제 태초년 간 (BC 104~101년)의 중국과 그 주변 민족의 역사를 포괄하여 저술한 통사를 말한다.

* '비주불의(非酒不義)'가 '비주불미(非酒不美)'로 된 판본도 있다. 뜻은 통하나(아름다운 사이가 되지 못하고), 대부분의 판본이 '의(義)'로 되어 있다.

---

子 曰 士志於道而恥惡衣惡食者는 未足與議也니라.

자 왈 사지어도이치악의악식자는 미족여의야니라.

---

공자가 말했다. "선비가 도에 뜻을 두고서 허름한 옷과 나쁜 음식을 부끄러워하는 자는 더불어 도를 논의할 사람이 못 된다."

---

荀子 曰 士有妬友면 則賢交不親하고 君有妬臣이면 則賢人不至니라.

순자 왈 사유투우면 즉현교불친하고 군유투신이면 즉현인부지니라.

---

순자가 말했다. "선비 곁에 투기하는 벗이 있으면 현명한 벗과 사귀어 친해지지 못하게 되고, 임금 곁에 투기하는 신하가 있으면 현명한 신하가 가까이 올 수 없게 된다."

---

天不生無祿之人하고 地不長無名之草니라.

천불생무록지인하고 지부장무명지초니라.

---

하늘은 복록(福祿) 없는 사람을 내지 아니하고, 땅은 이름 없는 풀을 기르지 않는다.

* 祿(녹) : 복록(福祿), 녹복(祿福)으로도 쓴다. 祿(녹)이라는 글자 자체에 관리에게 주는 봉급(祿俸, 녹봉)을 의미하는 '녹 록'이라는 훈음과 복(福)을 의미하는 '복 록'의 훈음이 같이 쓰인다. 복록(福祿)은 '복된 행위를 통하여 받게 되는 보상'으로 스스로 지어서 받는 성과인 셈이다.

성심편 상(省心篇 - 上)

> 大富는 由天하고 小富는 由勤이니라.
> 대부는 유천하고 소부는 유근이니라.

큰 부자는 하늘에 달려 있고, 작은 부자는 부지런함에 달려 있다.

> 成家之兒는 惜糞如金하고 敗家之兒는 用金如糞이니라.
> 성가지아는 석분여금하고 패가지아는 용금여분이니라.

집을 일으킬 아이는 똥 아끼기를 금같이 하고 집을 망칠 아이는 돈 쓰기를 똥과 같이 한다.

> 康節 邵 先生이 曰 閑居에 愼勿說無妨하라 纔說無妨便有妨이니라 爽口物多終作疾이요 快心事過必爲殃이라 與其病後能服藥으론 不若病前能自防이니라.
> 강절 소 선생이 왈 한거에 신물설무방하라 재설무방변유방이니라 상구물다종작질이요 쾌심사과필위앙이라 여기병후능복약으론 불약병전능자방이니라.

소강절 선생이 말했다. "한가롭게 사는 삶에 방해되는 것이 없다고 말하지 말라. 방해되는 것이 없다고 말하면 곧 방해되는 일이 생길 것이다. 입이 상쾌하다고 음식을 많이 먹으면 마침내 병이 들게 되고 마음이 유쾌하다고 일을 지나치게 하면 재앙이 된다. 병이 든 후에 약을 먹는 것은 병이 나기 전에 스스로 막는 것만 못하다."

* '爽口物多終作疾(상구물다종작질)'은 '爽口物多能作疾(상구물다능작질)'로 된 판본도 있다.

> 梓潼帝君 垂訓에 曰 妙藥도 難醫冤債病이요 橫財도 不富命窮人이라 生事事生을 君莫怨하고 害人人害를 汝休嗔하라 天地自然皆有報하니 遠在兒孫近在身이니라.
>
> 재동제군 수훈에 왈 묘약도 난의원채병이요 횡재도 불부명궁인이라 생사사생을 군막원하고 해인인해를 여휴진하라 천지자연개유보하니 원재아손근재신이니라.

재동제군이 수훈에서 말했다. "신묘한 약도 원한으로 든 병은 고치기 어렵고, 갑자기 얻은 큰 재물도 명이 다한 사람을 부유하게 하지 못하고, 일을 생기게 하면 일이 생기는 것을 그대는 원망하지 말고, 남을 해하면 남이 [너를] 해롭게 하는 것을 너는 꾸짖지 말라. 하늘과 땅의 이치는 자연히 다 저절로 갚음이 있으니 멀리는 자손에게 있고 가까이에는 자기 몸에 있다."

* 재동제군(梓潼帝君): 이름은 장아자(張亞子)이고 촉(蜀)나라의 칠곡산[七曲山, 지금의 쓰촨성(四川省: 사천성) 쯔통시앤(梓潼縣: 재동현) 북쪽]에 살았다고 한다. 진(晉)나라에서 벼슬살이를 하다가 전사했는데 후세 사람들이 그를 위해 사당을 세워주었다고 한다. 도교에서는 그가 문창부(文昌府)의 일과 인간 세상의 벼슬살이를 관장한다고 여겼다. 그래서 흔히 '문창제군(文昌帝君)'이라고도 불렸다.

> 花落花開開又落하고 錦衣布衣更換着이라 豪家未必常富貴요 貧家未必長寂寞이라 扶人未必上青霄요 推人未必塡溝壑이라 勸君凡事를 莫怨天하라. 天意於人에 無厚薄이니라.
>
> 화락화개개우락하고 금의포의경환착이라 호가미필상부귀요 빈가미필장적막이라 부인미필상청소요 추인미필전구학이라 권군범사를 막원천하라. 천의어인에 무후박이니라.

핀 꽃이 떨어지면 다시 꽃이 피고, 피면 또 떨어지며, 금의(金衣)와 포의

(布衣)는 번갈아 바꿔 입을 수도 있는 법! 호화로운 집이 반드시 항상 부유하고 귀한 것은 아니요, 가난한 집이 반드시 오래 적막하지는 않는다. 사람의 도움을 받아도 반드시 푸른 하늘에 올라가지 못할 것이요, 사람을 밀어 버려도 반드시 구덩이에 떨어지지 아니한다. 그대에게 권하노니, 모든 일에 하늘을 원망하지 말라. 하늘의 뜻은 사람에게 후함도 박함도 없다.

* 更의 훈음(訓音)은 '번갈아 경, 고칠 경'과 '다시 갱'이다.

---

堪歎人心毒似蛇라 誰知天眼轉如車요 去年妄取東隣物하더니 今日還歸北舍家니라 無義錢財湯潑雪이요 儻來田地水推沙니라 若將狡譎爲生計면 恰似朝開暮落花니라.

감탄인심독사사라 수지천안전여거요 거년망취동린물하더니 금일환귀북사가니라 무의전재탕발설이요 당래전지수추사니라 약장교휼위생계면 흡사조개모락화니라.

---

사람의 마음이 독하기가 뱀과 같음을 탄식해 마지않노라. 하늘의 눈(眼)이 수레바퀴처럼 구르는 것을 누가 알리요? 지난해에 동쪽 이웃의 물건을 망령되이 가져왔더니 지금엔 결국 북쪽 집안으로 돌아가는구나. 의롭지 아니한 돈과 재물은 끓는 물에서 녹는 눈(雪)과 같고, 생각지 않게 들어온 논과 밭은 물에 밀려온 모래에 덮힌다. 만약 간사한 꾀로서 생활을 유지하는 방법을 삼으면 마치 아침에 피었다가 저녁에 지는 꽃과 같을 것이다.

* '恰似朝雲暮落花(흡사조운모락화)'로 쓴 판본도 있다. 해석은 '마치 아침에 이는 구름이나 저녁에 지는 꽃과 같은 것이다.'이다.

---

無藥可醫卿相壽요 有錢難買子孫賢이니라.

무약가의경상수요 유전난매자손현이니라.

---

약이 있어도 경상(卿相)의 목숨은 구할 수 없고, 돈이 있어도 자손의 현

명함을 사기는 어렵다.

* '경상(卿相)'은 최고의 벼슬아치를 말하며, '재상(宰相)'이라고도 한다. 우리나라에서는 육경[六卿, 이(吏), 호(戶), 예(禮), 병(兵), 형(刑), 공(工) 여섯을 말함]과 삼상[三相, 의정부(議政府)를 이끌던 영의정(領議政), 좌의정(左議政), 우의정(右議政)을 말함]을 아울러 일컫는 말로, 왕을 보좌하고 모든 관원을 지휘하고 감독하는 일을 하던 이품(二品) 이상의 벼슬아치를 말한다.

---

一日淸閑이면 一日仙이니라.

**일일청한**이면 **일일선**이니라.

---

하루 동안 마음이 맑고 한가로우면 그 하루 동안 신선이 된 것이다.

## 十一. 성심편(省心篇 - 下)

> 眞宗皇帝 御製에 曰 知危識險이면 終無羅網之門이요 擧善薦賢이면 自有安身之路라 施仁布德은 乃世代之榮昌이요 懷妬報冤이면 與子孫之爲患이요 損人利己면 終無顯達雲仍이요 害衆成家면 豈有長久富貴리요 改名異體는 皆因巧語而生이요 禍起傷身은 皆是不仁之召니라.
>
> 진종황제 어제에 왈 지위식험이면 종무라망지문이요 거선천현이면 자유안신지로라 시인포덕은 내세대지영창이요 회투보원이면 여자손지위환이요 손인이기면 종무현달운잉이요 해중성가면 기유장구부귀리요 개명이체는 개인교어이생이요 화기상신은 개시불인지소니라.

    진종황제 어제(御製)에 쓰여있다. "위태로움을 알고 험함을 알면 마침내 그물에 걸리는 일이 없을 것이며, 선한 이와 어진 이를 천거(薦擧)하면 저절로 자신을 편하게 하는 길이 된다. 인을 베풀고 덕을 베풀면 이내 대대로 영화와 번창을 가져올 것이요, 투기를 품거나 원통함을 갚으면 자손에게 근심을 끼쳐주는 것이 된다. 남을 해롭게 하고 자기만 이롭게 하면 마침내 현달할 자손이 없을 것이요, 여러 사람을 해치고 집안을 이루면 어찌 길고 오래도록 부귀가 있으리오? 이름을 바꾸고 몸을 달리하는 것은 모두가 간교한 말로 인하여 생긴 것이요, 재앙이 일어나고 몸이 상하게 됨은 모두가 다 어질지 못함이 불러들이는 것이다."

\* 진종황제(眞宗皇帝): 송(宋)나라 세 번째 임금으로, 이름은 항(恒)이며, 태종(太宗)의 셋째 아들이다.

> 神宗皇帝 御製에 曰 遠非道之財하고 戒過度之酒하며 居必擇隣하고 交必擇友하며 嫉妬를 勿起心하고 讒言을 勿宣於口하며 骨肉貧者를 莫疎하고 他人富者를 莫厚하며 克己는 以勤儉爲先하고 愛衆은 以謙和爲首하며 常思已往之非하고 每念未來之咎하라 若依朕之斯言이면 治國家而可久니라.
>
> 신종황제 어제에 왈 원비도지재하고 계과도지주하며 거필택린하고 교필택우하며 질투를 물기심하고 참언을 물선어구하며 골육빈자를 막소하고 타인부자를 막후하며 극기는 이근검위선하고 애중은 이겸화위수하며 상사이왕지비하고 매념미래지구하라 약의짐지사언이면 치국가이가구니라.

　　신종황제 어제에 쓰여있다. "도(道)가 아닌 재물을 멀리하고, 지나친 술을 삼가하라. 반드시 이웃을 가려 살고, 반드시 벗을 가려 사귀어야 할 것이다. 질투를 마음에 일으키지 말며, 남 헐뜯는 말을 입에 담지 말며, 친척 중 가난한 자를 멀리하지 말고, 타인인 부자를 [친척보다] 후대하지 말며. 자기를 이기는 것은 부지런함과 검소함을 우선으로 삼고, 사람을 사랑하되 겸손과 화평을 첫째로 삼아야 하며, 언제나 지나간 일의 잘못됨을 생각하고, 매양 앞날의 허물을 생각하라. 만약 내가 한 말을 잘 따른다면 나라를 다스림에 오래 갈 것이다."

\* 신종황제(神宗皇帝): 송(宋)나라 여섯 번째 임금으로, 이름은 욱(頊)이며, 영종(英宗)의 첫째 아들이다.

> 高宗皇帝 御製에 曰 一星之火도 能燒萬頃之薪하고 半句非言도 誤損平生之德이라 身被一縷나 常思織女之勞하고 日食三飧이나 每念農夫之苦하라 苟貪妬損이면 終無十載安康이요 積善存仁이면 必有榮華後裔니라 福緣善慶하니 多因積行而生이요 入聖超凡은 盡是眞實而得이니라.
>
> 고종황제 어제에 왈 일성지화도 능소만경지신하고 반구비언도 오손평생지덕이라 신피일루나 상사직녀지로하고 일식삼손이나 매념농부지고하라 구탐투손이면 종무십재안강이요 적선존인이면 필유영화후예니라 복연선경하니 다인적행이생이요 입성초범은 진시진실이득이니라.

고종황제 어제에 쓰여있다. "한 점의 작은 불씨라도 능히 수백만 이랑의 나무를 태워버릴 수도 있고, 짧은 반 마디 그릇된 말이라도 평생의 덕을 허물어뜨린다. 몸에 한 실오라기의 옷을 입어도 항상 베 짜는 여자의 수고를 생각하고, 하루 세끼의 밥을 먹어도 매번 농부의 괴로움을 생각하라. 구차하게 탐하고 투기하고 남에게 손해를 끼치면 마침내 십 년 동안 편안함이 없고, 선행을 쌓고 어진 마음을 지니면 반드시 영화로운 후손이 있게 된다. 복은 선경(善慶)을 인연 하니 선행을 많이 쌓는 데서 생겨나고, 보통 사람을 넘어 성인의 경지에 들어가는 것은 다 진실함으로써 얻어지는 것이다."

\* 고종황제(高宗皇帝) : 송(宋)나라 열 번째 황제이자, 남송의 첫 번째 황제이다.

> 王良 曰 欲知其君인댄 先視其臣하고 欲識其人인댄 先視其友하고 欲知其父인댄 先視其子하라 君聖臣忠하고 父慈子孝니라.
>
> 왕량 왈 욕지기군인댄 선시기신하고 욕식기인인댄 선시기우하고 욕지기부인댄 선시기자하라 군성신충하고 부자자효니라.

　　왕량이 말했다. "그 임금을 알고자 하면 먼저 그 신하를 보고, 그 사람을 알고자 하면 먼저 그 친구를 볼 것이며, 그 아버지를 알고자 하면 먼저 그 자식을 보라. 임금이 거룩하면 신하는 충성스러울 것이요, 아버지가 자애스러우면 자식은 효성스러울 것이다."

* 왕량(王良): 춘추시대 진(晉)나라 사람이다.

> 家語에 云 水至淸則無魚하고 人至察則無徒니라.
>
> 가어에 운 수지청즉무어하고 인지찰즉무도니라.

　　〈가어〉에 쓰여있다. "물이 지나치게 맑으면 사는 고기가 없고, 사람이 지나치게 살피면(결백하면) 따르는 사람이 없을 것이다."

* 가어(家語): 〈공자가어(孔子家語)〉를 말한다. 공자의 유문(遺聞), 일사(逸事)를 모은 책으로 열 권으로 되어 있다.
* 察(찰)의 훈음(訓音)은 '살필 찰'과 '결백할 찰' 등으로 두 가지로 해석이 가능하다.

> 許敬宗 曰 春雨는 如膏나 行人은 惡其泥濘하고 秋月이 揚輝나 盜者는 憎其照鑑이니라.
>
> **허경종 왈** 춘우는 여고나 행인은 오기니녕하고 추월이 양휘나 도자는 증기조감이니라.

　허경종이 말했다. "봄비는 땅을 기름지게 하는 데도 길 가는 행인은 그 진흙길을 싫어하고, 가을의 달빛은 밝게 빛나나 도둑은 그 밝게 비추는 것을 싫어한다."

\* 허경종(許敬宗, 595~672) : 중국 당나라 항주(杭州) 신성(新城) 사람으로 자는 연족(延族)이다. 당 고종(高宗)이 무측천(武則天)을 황후로 세우는 것을 도와 시중(侍中)에 발탁되었고 무측천의 총신이었다. 그녀는 나중에 주(周)나라를 세워 중국 역사상 유일한 여황제가 되었고, 후세에 측천무후(則天武后)라 불렸다.

> 景行錄에 云 大丈夫는 見善明故로 重名節於泰山하고 用心精故로 輕死生於鴻毛니라.
>
> **경행록에 운** 대장부는 견선명고로 중명절어태산하고 용심정고로 경사생어홍모니라.

　〈경행록〉에 쓰여있다. "대장부는 착한 것을 보는 것이 밝음으로 명분과 절개를 태산보다도 중하게 여기고, 마음 쓰기가 세심하므로 죽고 사는 것을 기러기의 털보다 가볍게 여긴다."

> 悶人之凶하고 樂人之善하며 濟人之急하고 救人之危하라.
>
> **민인지흉**하고 **낙인지선**하며 **제인지급**하고 **구인지위**하라.

남의 흉한 일을 민망히 여기고, 남의 선한 일을 즐거워하며, 남의 급한 일을 구제하고, 남의 위험한 일을 구해야 할 것이다.

---

經目之事도  恐未皆眞이어든  背後之言을 豈足深信이리오.

**경목지사**도 **공미개진**이어든 **배후지언**을 **기족심신**이리오.

---

직접 눈으로 본 일이라도 다 진실이 아닐까 두렵거늘, 등 뒤에서 하는 말을 어찌 깊이 믿을 수 있으리오?

---

不恨自家汲繩短하고  只恨他家苦井深이니라.

**불한자가급승단**하고 **지한타가고정심**이니라.

---

자기 집의 두레박줄이 짧은 것은 탓하지 않고 남의 집 우물이 깊은 것만 한탄하는구나.

---

臟濫이  滿天下라도  罪拘薄福人이니라.

**장람**이 **만천하**라도 **죄구박복인**이니라.

---

뇌물과 부정이 온 천하에 가득할지라도 죄는 박복한 사람만 걸린다.

* 臟(장)의 훈음(訓音)은 '오장 장'으로 내장 또는 오장(五臟, 몸에 있는 다섯 가지 장기)를 의미하나, 여기서는 贓(장물 장)으로 '뇌물을 받다'라는 의미이다.

---

天若改常이면  不風卽雨요  人若改常이면 不病卽死니라.

**천약개상**이면 **불풍즉우**요 **인약개상**이면 **불병즉사**니라.

하늘이 만약 상도(常道)를 어기면 바람 아니면 비가 오고, 사람이 만약 상도(常道)를 어기면 병 아니면 곧 죽는다.

---

**壯元詩에 云 國正天心順이요 官淸民自安이라 妻賢夫禍少요 子孝父心寬이니라.**

장원시에 운 국정천심순이요 관청민자안이라 처현부화소요 자효부심관이니라.

---

〈장원시〉에 쓰여있다. "나라가 바르면 천심(天心)도 순응할 것이다, 벼슬아치가 청렴하면 백성은 절로 편안할 것이며, 아내가 어질면 지아비의 허물이 적을 것이다, 자식이 효도하면 아버지의 마음은 너그러워질 것이다."

* 장원시(壯元詩): 중국 북송(北宋) 때 시인 왕수(汪洙)가 쓴 시에 다른 사람이 쓴 시를 함께 모아놓은 〈신동시(神童詩)〉에 실려 있는 시이다.

---

**子 曰 木從繩則直하고 人受諫則聖이니라**

자 왈 목종승즉직하고 인수간즉성이니라

---

공자께서 말씀하셨다. "나무가 먹줄을 따르면 곧아지고, 사람이 다른 사람의 충고를 받아들이면 거룩해진다."

---

**一派靑山景色幽러니 前人田土後人收라 後人收得莫歡喜하라 更有收人在後頭니라.**

일파청산경색유러니 전인전토후인수라 후인수득막환희하라 갱유수인재후두니라.

---

한 줄기의 푸른 산의 경치가 그윽한데, 앞사람이 갈던 밭을 뒷사람이 거두는구나. 뒷사람은 거두어들이는 것을 기뻐하지 말라. 다시 거두어들일 사람이 또 뒷편에 있다.

* '전토(田土)'에서 '전(田)'의 훈음(訓音)은 '밭 전'이 아니라 '밭 갈 전'이다. '후두(後頭)'

에서 '두(頭)'의 훈음(訓音)은 '머리 두'가 아니라 '어조사 두(근처 두, 끝 두)', 즉 어조사로 보아야 한다.

---

蘇東坡 曰 無故而得千金이면 不有大福이요 必有大禍니라.

소동파 왈 무고이득천금이면 불유대복이요 필유대화니라.

---

소동파가 말했다. "아무런 까닭 없이 천금을 얻는 것은 큰 복이 있는 것이 아니라, 반드시 큰 재앙이 있다."

* 소동파(蘇東坡): 북송의 문인으로 이름은 식(軾)이고, 호는 동파(東坡)이다. 당송팔대가(唐宋八大家)의 한 사람으로 그가 지은 〈적벽부(赤壁賦)〉는 명문으로 알려져 있다.

---

康節 邵 先生 曰 有人이 來問卜하되 如何是禍福고 我虧人是禍요 人虧我是福이니라.

강절 소선생 왈 유인이 내문복하되 여하시화복고 아휴인시화요 인휴아시복이니라.

---

소강절 선생이 말했다. "어떤 사람이 점괘를 물으러 찾아 왔는데, 무엇이 화(禍)가 되고 복(福)이 됩니까? 하거늘, 내가 남을 해롭게 하면 화(禍)이고, 남이 나를 해롭게 하면 복(福)이라 하였다."

---

大廈千間이라도 夜臥八尺이요 良田萬頃이라도 日食二升이니라.

대하천간이라도 야와팔척이요 양전만경이라도 일식이승이니라.

---

큰 집이 천 칸이나 되더라도 밤에 눕는 것은 여덟 자뿐이고, 좋은 밭이 만 이랑이 있더라도 하루에 먹는 것은 두 되일 뿐이다.

성심편 하(省心篇 - 下)

> 久住令人賤이요 頻來親也疎라 但看三五日이라도 相見不如初니라.
>
> **구주령인천**이요 **빈래친야소**라 **단간삼오일**이라도 **상견불여초**니라.

　　남의 집에 오래 머무르면 사람을 천하게 만들고, 자주 찾아오면 친한 사람도 멀어진다. 단지 사흘이나 닷새만 보아도 서로 보는 것이 처음 같지 아니하다.

> 渴時一滴은 如甘露요 醉後添盃는 不如無니라.
>
> **갈시일적**은 **여감로**요 **취후첨배**는 **불여무**니라.

　　목마를 때 한 방울의 물은 단 이슬과 같고, 술 취한 후에 한 잔을 더하는 것은 안 먹는 것만 못하다.

> 酒不醉人人自醉요 色不迷人人自迷니라.
>
> **주불취인인자취**요 **색불미인인자미**니라.

　　술이 사람을 취하게 하는 것이 아니라 사람이 스스로 취하는 것이요, 색이 사람을 미혹되게 하는 것이 아니라 사람이 스스로 미혹되는 것이다.

> 公心을 若比私心이면 何事不辨*이며 道念이 若同情念이면 成佛多時니라.
>
> **공심**을 **약비사심**이면 **하사불변**이며 **도념**이 **약동정념**이면 **성불다시**니라.

　　공익(公益)을 추구하는 마음을 만약 사익(私益)을 얻고자 하는 마음과 비교한다면 무슨 일인들 옳고 그름을 분별하지 못할 것이며, 도(道)를 얻고자 하는 생각을 (연인의 사랑을 갈구하는) 정념(情念)과 같게 한다면 성불한 지 이미 오래일 것이다.

* '하사불판(何事不辦)'으로 '辨(분별할 변)'이 아닌 '辦(다스릴 판)'으로 된 판본도 있다. 그러면 '무슨 일이든 옳고 그름을 다스리지 못할 것이며'로 해석된다.

濂溪先生 曰 巧者言하고 拙者默하며 巧者勞하고 拙者逸하며 巧者賊하고 拙者德하며 巧者凶하고 拙者吉하나니 嗚呼라 天下拙이면 刑政이 徹하여 上安下順하며 風淸弊絶이니라.

**염계선생 왈 교자언**하고 **졸자묵**하며 **교자로**하고 **졸자일**하며 **교자적**하고 **졸자덕**하며 **교자흉**하고 **졸자길**하나니 **오호**라 **천하졸**이면 **형정**이 **철**하여 **상안하순**하며 **풍청폐절**이니라.

염계 선생께서 말씀하셨다. "간교한 자는(巧者, 재주만 부리는 사람은) 말을 잘하고, 옹졸한 자(拙者, 졸렬하거나 우둔한 사람을 지칭하나 의미상 속으로 덕을 갖추고 겉으로는 드러내지 않는 사람)는 말이 없으며, 간교한 자는 수고롭고 옹졸한 자는 편안하다. 간교한 자는 남을 해치고 옹졸한 자는 덕이 있으며, 간교한 자는 흉하고 옹졸한 자는 길하다. 오호라! 천하에 옹졸한 자만 있으면 형벌의 정치가 거두어져서 위로는 편안하고 아래로는 순종하니, 풍속이 맑아지고 폐단이 끊어지리라."

* 염계선생(濂溪先生): 북송(北宋)의 유학자 주돈이(周敦頤)를 말한다.

> 易에 曰 德微而位尊하고 智小而謀大면 無禍者鮮矣니라.
>
> **역**에 **왈 덕미이위존**하고 **지소이모대**면 **무화자선의**니라.

　〈주역〉에 쓰여있다. "덕이 미미하면서도 지위가 높고 지혜가 적으면서도 큰일을 꾀하면 화를 입지 않을 사람이 드물 것이다."

* 역(易): 〈주역(周易)〉을 말한다.

> 說苑에 曰 官怠於宦成하고 病加於小癒니라 禍生於懈惰하고 孝衰於妻子니라 察此四者하여 愼終如始하라.
>
> **설원**에 **왈 관태어환성**하고 **병가어소유**니라 **화생어해타**하고 **효쇠어처자**니라 **찰차사자**하여 **신종여시**하라.

　〈설원〉에 쓰여있다. "관리는 높은 벼슬(관직, 지위)에 오르면 나태해지고, 질병은 조금 나아진 뒤에 (방심하여) 심해지고, 재앙은 게으른 데서 생겨나며, 효도는 처자식이 생기면서 흐려진다. 이 네 가지를 살펴서 삼가 처음과 같이(처음에 지녔던 본마음을 간직한 채) 마쳐야 할 것이다."

* 설원(說苑): 기원전 1세기 경 전한(前漢)의 유향(劉向)이 편찬한 교훈적인 설화집이다.

> 器滿則溢하고 人滿則喪이니라.
>
> **기만즉일**하고 **인만즉상**이니라.

　그릇이 가득 차면 넘치고, 사람이 가득 차면 잃게 된다.

尺璧非寶요 寸陰是競이니라.
척벽비보요 촌음시경이니라.

한 자의 둥근 옥이 보배가 아니요, 촌음(寸陰: 아주 짧은 시간)을 다투어 아껴야 한다.

羊羹이 雖美나 衆口는 難調니라.
양갱이 수미나 중구는 난조니라.

양고기 국이 아무리 맛이 있어도, 여러 사람 입맛을 맞추기는 어렵다.

益智書에 云 白玉은 投於泥塗라도 不能汚穢其色이요 君子는 行於濁地라도 不能染亂其心이니 故로 松栢은 可以耐雪霜이요 明智는 可以涉危難이니라.
익지서에 운 백옥은 투어니도라도 불능오예기색이요 군자는 행어탁지라도 불능염란기심이니 고로 송백은 가이내설상이요 명지는 가이섭위난이니라.

〈익지서〉에 쓰여있다. "백옥은 진흙 속에 던져도 그 빛을 더럽힐 수 없고, 군자는 혼탁한 곳에 갈지라도 그의 마음을 물들이거나 어지럽게 할 수 없나니, 그러므로 소나무와 잣나무는 눈과 서리를 견디어 낼 수 있고, 밝은 지혜는 위태롭고 어려움을 능히 건널 수 있는 것이다."

入山擒虎는 易어니와 開口告人은 難이니라.
입산금호는 이어니와 개구고인은 난이니라.

산에 들어가 호랑이 잡아 오기는 쉬우나, 입을 열어 남에게 (나의 어려움을 알려) 부탁하기는 어렵다.

> 遠水는 不救近火요 遠親은 不如近隣이니라.
> 원수는 불구근화요 원친은 불여근린이니라.

멀리 있는 물로는 가까운 불을 끄지 못하고, 먼 데 있는 일가 친척은 가까운 이웃만 못하다.

> 太公에 曰 日月이 雖明이나 不照覆盆之下하고 刀刃이 雖快나 不斬無罪之人하고 非災橫禍는 不入愼家之門이니라.
> 태공에 왈 일월이 수명이나 부조복분지하하고 도인이 수쾌나 불참무죄지인하고 비재횡화는 불입신가지문이니라.

〈태공가교〉에 쓰여있다. "해와 달이 비록 밝으나 엎어 놓은 동이의 밑을 비추지 못하고, 칼과 검이 비록 잘 드나 죄 없는 사람을 베지는 못한다. 불의의 재앙은 조심하는 집 문 안에는 들어가지 못한다."

\* 도인(刀刃): '칼날'이라는 의미도 있으며, 칼 종류를 총칭하는 단어이기도 하다.

> 太公에 曰 良田萬頃이 不如薄藝隨身이니라.
> 태공에 왈 양전만경이 불여박예수신이니라.

〈태공가교〉에 쓰여있다. "비옥한 밭 일만 이랑이 하찮은 재주 하나를 몸에 익힌 것만 못하다."

| 性理書에 云 接物之要는 己所不欲을 勿施於人하고 行有不得이어든 反求諸己니라. |
|---|
| 성리서에 운 접물지요는 기소불욕을 물시어인하고 행유부득이어든 반구저기니라. |

〈성리서〉에 쓰여있다. "다른 사람을 사귈 때 중요한 것은 자기가 원하지 않는 것을 남에게 베풀지 않아야 하고, 자기가 행하고도 얻지 못하는 것이 있거든 돌이켜 자신에게 원인을 찾아야 할 것이다."

* 諸(제/저)의 훈음(訓音)은 '어조사 저'이다. '지어(之於)'.

| 酒色財氣四堵墻에 多少賢愚在內廂고 若有世人跳得出이면 便是神仙不死方이니라. |
|---|
| 주색재기사도장에 다소현우재내상고 약유세인도득출이면 변시신선불사방이니라. |

주색재기(술, 여색, 재물, 기운) 네 가지의 담장이 쳐진 곳에(이 세상을 빗댄 말이다) 수많은 어진 이와 어리석은 사람이 행랑 안에 갇혀 사네. 만약 세상 사람이 (이곳을) 뛰쳐나갈 수 있다면 이것은 곧 죽지 않고 신선이 되는 방법이 될 것이다.

## 十二. 입교편(立敎篇)

> 子曰 立身有義而孝爲本이요 喪祀有禮而哀爲本이요 戰陣有列而勇爲本이요 治政有理而農爲本이요 居國有道而嗣爲本이요 生財有時而力爲本이니라.
>
> **자 왈 입신유의이효위본**이요 **상사유례이애위본**이요 **전진유열이용위본**이요 **치정유리이농위본**이요 **거국유도이사위본**이요 **생재유시이력위본**이니라.

공자가 말했다. "입신(立身)함에는 의(義)가 있어야 하니 효도(孝道)가 근본이 되고, 상제(喪祭)에는 예(禮)가 있으니 슬퍼함이 근본이요, 전투 시 진용에는 대열이 있으니 용맹이 근본이며, 나라를 다스리는 데는 이치(理致)가 있으니 농사가 근본이 되고, 나라에 지키는데 도(道)가 있으니 대(代: 후사)를 잇는 것이 근본이 되며, 재물을 모으는 데에는 때가 있으니 노력이 근본이다."

> 景行錄에 云 爲政之要는 曰 公與淸이요 成家之道는 曰 儉與勤이니라.
>
> **경행록에 운 위정지요는 왈 공여청**이요 **성가지도는 왈 검여근**이니라.

〈경행록〉에 쓰여있다. "정치를 함에 있어서 중요한 것은 공정함과 청렴함이고, 집안을 일으켜 세우는 도리는 검소함과 부지런함이다."

> 讀書는 起家之本이요 循理는 保家之本이요 勤儉은 治家之本이요 和順은 齊家之本이니라.
>
> 독서는 기가지본이요 순리는 보가지본이요 근검은 치가지본이요 화순은 제가지본이니라.

독서는 집안을 일으키는 근본이요, 도리를 따르는 것은 집안을 보존하는 근본이며, 부지런함과 검소함은 집안을 다스리는 근본이요, 화목하고 순종하는 것은 집안을 질서 있게 하는 근본이 된다.

> 孔子三計圖에 云 一生之計는 在於幼하고 一年之計는 在於春하고 一日之計는 在於寅이니 幼而不學이면 老無所知요 春若不耕이면 秋無所望이요 寅若不起면 日無所辦이니라.
>
> 공자삼계도에 운 일생지계는 재어유하고 일년지계는 재어춘하고 일일지계는 재어인이니 유이불학이면 노무소지요 춘약불경이면 추무소망이요 인약불기면 일무소판이니라.

〈공자삼계도〉에 쓰여있다. "일생의 계획은 어릴 때에 있고, 일 년의 계획은 봄에 있고, 하루의 계획은 새벽(寅時: 03:00~05:00)에 있다. 어려서 배우지 않으면 늙어서 아는 바가 없고, 봄에 밭을 갈지 않으면 가을에 추수할 것이 없으며, 새벽에 일어나지 않으면 그날 할 일이 없다."

\* 〈공자삼계도(孔子三計圖)〉를 종류와 내용을 모르는 책으로 보기도 한다.

입교편(立教篇)

* '在於幼(재어유)'을 '在於勤(재어근)'이라 한 판본도 있다. "일생의 계획은 부지런함에 있고"가 된다.

> 性理書에 云 五敎之目은 父子有親하며 君臣有義하며 夫婦有別하며 長幼有序하며 朋友有信이니라.
>
> **성리서**에 운 **오교지목**은 **부자유친**하며 **군신유의**하며 **부부유별**하며 **장유유서**하며 **붕우유신**이니라.

〈성리서〉에 쓰여있다. "다섯 가지 가르침의 덕목은 아버지와 자식 사이에는 친함이 있어야 하고, 임금과 신하 사이에는 의리가 있어야 하며, 남편과 아내 사이에는 분별이 있어야 하고, 어른과 아이 사이에는 차례가 있어야 하며, 친구 사이에는 믿음이 있어야 한다."

> 三綱은 君爲臣綱이요 父爲子綱이요 夫爲婦綱이니라.
>
> **삼강**은 **군위신강**이요 **부위자강**이요 **부위부강**이니라.

삼강(三綱)이 있다. 임금은 신하의 벼리(모범)가 되어야 하고, 아버지는 자식의 벼리가 되어야 하며, 남편은 아내의 벼리가 되어야 한다.

* 벼리(綱): 그물의 위쪽 코를 꿰어 놓은 줄을 말하며, 이것을 잡아당겨 그물을 오므렸다 폈다 한다. 즉, 비유적으로 어떤 것의 주(主)가 되는 존재를 말한다.

> 王燭이 曰 忠臣은 不事二君이요 烈女는 不更二夫니라.
>
> **왕촉**이 왈 **충신**은 **불사이군**이요 **열녀**는 **불경이부**니라.

왕촉이 말했다. "충신은 두 임금을 섬기지 아니하고, 열녀는 두 남편을 섬기지 아니한다."

* 왕촉(王燭): 전국시대 제나라 사람으로 제나라가 연나라에 망하자 항복하라는 권고를 물리치고 자살한 충신이다.

---

忠子 曰 治官엔 莫若平이요 臨財엔 莫若廉이니라.

**충자 왈 치관**엔 **막약평**이요 **임재**엔 **막약렴**이니라.

---

충자가 말했다. "관리를 다스림(治官: 인사관리)에는 공평만한 것이 없고, 재물을 대할 때는 청렴만한 것이 없다."

* 충자(忠子): 어떤 사람인지 알려지지 않고 있다. 〈공자가어(孔子家語)〉 변정(辯政)에 공자(孔子)가 한 말로 나와 충자(忠子)는 공자(孔子)의 오기로 보는 사람도 있다. 그 내용은 다음과 같다.

'治官莫若平(치관막약평) 臨財莫如廉(임재막여렴) 廉平之守(염평지수) 不可改也(불가개야)'

---

張思叔 座右銘에 曰 凡語를 必忠信하며 凡行을 必篤敬하며 飮食을 必愼節하며 字劃을 必楷正하며 容貌를 必端莊하며 衣冠을 必整肅하며 步履를 必安詳하며 居處를 必正靜하며 作事를 必謀始하며 出言을 必顧行하며 常德을 必固持하며 然諾을 必重應하며 見善如己出하며 見惡如己病이니

> 凡此十四者를 皆我未深省이라 書此當座右하여 朝夕視爲警하노라.

장사숙 좌우명에 왈 범어를 필충신하며 범행을 필독경하며 음식을 필신절하며 자획을 필해정하며 용모를 필단장하며 의관을 필정숙하며 보리를 필안상하며 거처를 필정정하며 작사를 필모시하며 출언을 필고행하며 상덕을 필고지하며 연낙을 필중응하며 견선여기출하며 견악여기병이니 범차십사자를 개아미심성이라 서차당좌우하여 조석시위경하노라.

〈장사숙 좌우명〉에 쓰여있다. "모든 말은 반드시 진실하고 믿음이 있어야 하고, 모든 행동은 반드시 돈독하고 공경해야 하며, 음식은 반드시 삼가고 절제하여야 하며, 글씨는 반드시 반듯하고 바르게 써야 하며, 용모는 반드시 단정하고 근엄하여야 하고, 의관은 반드시 바르고 엄숙하여야 하며, 걸음걸이는 반드시 안정되고 차분해야 하며, 거처하는 곳은 반드시 바르고 정숙해야 하며, 일을 꾸밀 때는 반드시 시작을 잘 꾀하여야 하고, 말을 할 때는 반드시 행할 수 있을지를 돌아보아야 하며, 떳떳한 도덕을 반드시 굳게 지녀야 하고, 승낙은 반드시 신중하게 응답해야 하며, 선행(善行)을 보기를 내 속에서 나온 것처럼 반기며, 악행(惡行)을 보기를 내가 앓는 병처럼 아파하라. 무릇 이 열네 가지를 모두 나는 아직 깊이 깨닫지 못하였으니, 이것들을 자리의 오른편에 써붙여 놓고는 아침저녁으로 보고서 경계할 것이다."

\* 장사숙(張思叔): 북송의 학자로 이름은 역(繹), 사숙(思叔)은 그의 자(字)이다. 유학자 정자[程子, 본명은 정이(程頤)이며, 호(號)가 이천(伊川)이어서 정이천(程伊川)으로 알려져 있다.]의 수제자이다.

\* '書此當座右(서차당좌우)'를 '書此當座隅'로 기록한 판본도 있다.

范益謙 座右銘에 曰 一은 不言朝廷利害邊報差除요 二는 不言州縣官員長短得失이요 三은 不言衆人所作過惡之事요 四는 不言仕進官職趨時附勢요 五는 不言財利多少厭貧求富요 六은 不言淫媟戲慢評論女色이요 七은 不言求覓人物干索酒食이요 又人付書信을 不可開坼沈滯요 與人幷坐에 不可窺人私書요 凡入人家에 不可看人文字오 凡借人物에 不可損壞不還이요 凡喫飮食에 不可揀擇去取요 與人同處에 不可自擇便利요 凡人富貴에 不可歎羨詆毁니라 凡此數事에 有犯之者면 足以見用心之不正이라 於正心修身에 大有所害라 因書以自警하노라.

범익겸 좌우명에 왈 일은 불언조정이해변보차제요 이는 불언주현관원장단득실이요 삼은 불언중인소작과악지사요 사는 불언사진관직추시부세요 오는 불언재리다소염빈구부요 육은 불언음설희만평론여색이오 칠은 불언구멱인물간색주식이요 우인부서신을 불가개탁침체요 여인병좌에 불가규인사서요 범입인가에 불가간인문자요 범차인물에 불가손괴불환이요 범끽음식에 불가간택거취요 여인동처에 불가자택편리요 범인부귀에 불가탄선저훼니라 범차수사에 유범지자면 족이견용심지부정이라 어정심수신에 대유소해라 인서이자경하노라.

〈범익겸 좌우명〉에 쓰여있다. "첫째, 조정의 이해관계와 변방의 보고와 벼슬자리에 파견되고 제수되는 것을 말하지 말라. 둘째, 주현(州縣) 관원(官員)들의 장단점(長短點)이나 득실(得失)을 말하지 말라. 셋째, 여러 사람들이 저지른 잘못된 일과 악한 일들을 말하지 말라. 넷째, 벼슬하는 사람이 때에 따라 권세에 아부하여 관직에 나아가는 것에 대해서 말하지 말라. 다섯째, 재물의 이익이 많고 적음과 가난을 싫어하고 부자가 되기를 구하는 것을 말하지 말라. 여섯째, 음란하며 외설적인 장난과 여색을 논평하는 말을 하지 말라. 일곱째, 다른 사람의 물건을 요구하거나 술과 음식을 얻으려는 말을 하지 말라. 또 이르기를, 다른 사람이 부탁한 편지를 함부로 뜯어 보거나 전달하지 않고 묵혀 두어서는 안 되고, 다른 사람과 같이 앉아서는 남의 개인적인 편지를 엿보아서는 안 되고, 무릇 남의 집에 들어가서는 사사로이 지어놓은 글을 보아서는 안 된다. 무릇 남의 물건을 빌려 와서는 손상 또는 파괴하거나, 되돌려 주지 않아서는 안 되고, 무릇 음식을 먹고 마실 때는 가리거나 버려서는 안 된다. 남과 같이 살 때는 스스로 편하고 이로운 것만 가려서는 안 된다. 무릇 남의 부귀를 감탄하여 부러워하거나 흉보고 헐뜯어서는 안 된다. 무릇 이 여러 가지 일들을 어기는 자는 마음 씀씀이가 바르지 못함을 보게 된다. 마음을 바르게 하고 몸을 닦는 데에 크게 해로운 바가 있음을 보게 된다. 그리하여 이 글을 써서 스스로 경계하노라."

武王이 問太公 曰 人居世上에 何得貴賤貧富不等고 願聞說之하여 欲知是矣로다 太公이 曰 富貴는 如聖人之德하여 皆由天命이어니와 富者는 用之有節하고 不富者는 家有十盜니이다.

무왕이 문태공 왈 인거세상에 하득귀천빈부부등고 원문설지하여 욕지시의로다 태공이 왈 부귀는 여성인지덕하여 개유천명이어니와 부자는 용지유절하고 불부자는 가유십도니이다.

무왕이 태공에게 물었다. "사람이 이 세상을 살아가는데 어찌하여 귀함과 천함과 가난과 부유함이 고르지 않습니까? 원컨대 그것에 대해 말씀을 듣고 그 까닭을 알고 싶습니다." 태공이 대답했다. "부유함과 귀함은 성인의 덕과 같아서 모두 천명으로부터 말미암거니와, 부유한 자는 씀씀이에 절제가 있으나 부유하지 못한 자는 집안에 열 가지 도둑이 있기 때문입니다."

\* 무왕(武王): 주나라 문왕의 둘째 아들이다. 상나라(은나라) 폭군 주(紂)를 멸하고 주왕조를 세웠다.

\* 강태공(姜太公): 주나라 초기의 정치가이자 공신으로 무왕(武王)을 도와 상나라(은나라)를 멸망시켜 천하를 평정하였으며 제나라 시조가 되었다. 본명은 강상(姜尙)이다. 위수(渭水)에서 낚시질을 하다가 문왕(文王)에게 발탁되었다는 전설이 있어 흔히 낚시꾼을 '강태공'이라 부른다.

---

武王이 曰 何謂十盜닛고 太公이 曰 時熟不收 爲一盜요 收積不了 爲二盜요 無事燃燈寢睡 爲三盜요 慵懶不耕이 爲四盜요 不施功力이 爲五盜요 專行巧害 爲六盜요 養女太多 爲七盜요 晝眠懶起 爲八盜요 貪酒嗜慾이 爲九盜요 强行嫉妬 爲十盜니이다.

무왕이 왈 하위십도닛고 태공이 왈 시숙불수 위일도요 수적불료 위이도요 무사연등침수 위삼도요 용라불경이 위사도요 불시공력이 위오도요 전행교해 위육도요 양녀태다 위칠도요 주면라기 위팔도요 탐주기욕이 위구도요 강행질투 위십도니이다.

---

　무왕이 물었다. "무엇을 열 가지 도둑이라 합니까?" 태공이 대답했다. "곡식이 무르익었는데도 제때 거두어들이지 않는 것이 첫 번째 도둑이요, 곡식을 거두고 나서 쌓아 두기를 끝마치지 않는 것이 두 번째 도둑이고, 아무 하는 일도 없이 등불을 켜 놓고 잠자는 것이 세 번째 도둑이요, 게을러서 밭을 갈지 않는 것이 네 번째 도둑이요, 공력을 베풀지 않는 것이 다섯

번째 도둑이요, 오로지 교활하고 해로운 일만 행하는 것이 여섯 번째 도둑이요, 딸을 너무 많이 기르는 것이 일곱 번째 도둑이요, 낮잠 자고 일어나기를 게을리하는 것이 여덟 번째 도둑이요, 술 마시기를 탐하며 환락을 탐하는 것이 아홉 번째 도둑이요, 다른 사람을 심하게 질투하는 것이 열 번째 도둑입니다."

---

武王이 曰 家無十盜而不富者는 何如닛고
太公이 曰 人家에 必有三耗니이다 武王이
曰 何名三耗닛고 太公이 曰 倉庫漏濫不蓋
하여 鼠雀亂食이 爲一耗요 收種失時가 爲
二耗요 拋撒米穀穢賤이 爲三耗니이다.

무왕이 왈 가무십도이불부자는 하여닛고 태공이 왈 인가에 필유삼모니이다 무왕이 왈 하명삼모닛고 태공이 왈 창고루람불개하여 서작난식이 위일모요 수종실시가 위이모요 포살미곡예천이 위삼모니이다.

---

무왕이 물었다. "집안에 열 가지 도둑이 없는데도 부유하게 살지 못하는 사람은 어찌하여 그렇습니까?" 태공이 대답했다. "집안에 반드시 세 가지 낭비(三耗, 삼모)가 있을 것입니다." 무왕이 물었다. "무엇을 세 가지 낭비라고 합니까?" 태공이 대답했다. "창고가 새어 밖으로 넘쳐나도 제대로 덮지 않아 쥐와 참새들이 마구 먹어대는 것이 첫 번째 낭비요, 씨 뿌리고 거두는 데 때를 놓치는 것이 두 번째 낭비이며, 곡식을 흩어 뿌려 더럽고 값없게 만드는 것이 세 번째 낭비입니다."

> 武王이 曰 家無三耗而不富者는 何如닛고
> 太公이 曰 人家에 必有 一錯 二誤 三痴
> 四失 五逆 六不祥 七奴 八賤 九愚 十强하
> 여 自招其禍요 非天降殃이니이다.
>
> 무왕이 왈 가무삼모이불부자는 하여닛고 태공이 왈 인가에 필유 일착 이오 삼치 사실 오역 육불상 칠노 팔천 구우 십강하여 자초기화요 비천강앙이니이다.

무왕이 물었다. "집안에 세 가지 낭비가 없는데도 부유하지 않은 자는 왜 그렇습니까?" 태공이 대답했다. "그런 사람의 집안에 반드시 첫 번째 착(錯, 잘못), 두 번째 오(誤, 그릇됨), 세 번째 치(痴, 어리석음), 네 번째 실(失, 과실), 다섯 번째 역(逆, 거스름), 여섯 번째 불상(不祥, 상서롭지 못함), 일곱 번째 노(奴, 상스러움), 여덟 번째 천(賤, 비천함), 아홉 번째 우(愚, 어리석음), 열 번째 강(强, 뻔뻔함)이 있으니, 스스로 화를 부르는 것이요, 하늘이 재앙을 내리는 것이 아닙니다."

\* '강(强)'은 '뻔뻔함'을 의미한다. 예: 强顔(강안) - 뻔뻔한 얼굴

> 武王이 曰 願悉聞之하나이다 太公이 曰
> 養男不教訓이 爲一錯이요 嬰孩不訓이 爲
> 二誤요 初迎新婦 不行嚴訓이 爲三痴요 未
> 語先笑 爲四失이요 不養父母 爲五逆이요
> 夜起赤身이 爲六不祥이요 好挽他弓이 爲
> 七奴요 愛騎他馬 爲八賤이요 喫他酒勸他

입교편(立教篇)

> 人이 爲九愚요 喫他飯命朋友 爲十强이니이다 武王이 曰 甚美誠哉로다 是言也라.

무왕이 왈 원실문지하나이다 태공이 왈 양남불교훈이 위일착이요 영해불훈이 위이요 초영신부 불행엄훈이 위삼치요 미어선소 위사실이요 불양부모 위오역이요 야기적신이 위육불상이요 호만타궁이 위칠노요 애기타마 위팔천이요 끽타주권타인이 위구우요 끽타반명붕우 위십강이니이다 무왕이 왈 심미성재로다 시언야라.

무왕이 말했다. "원컨대 그것을 다 듣고 싶습니다." 태공이 대답했다. "아들을 기르는데 훈계하여 가르치지 아니함이 첫 번째의 잘못(錯)이요, 어린아이를 훈육하지 않는 것이 두 번째의 그릇됨(誤)이요, 며느리를 처음 맞아들여서 엄한 훈계를 행하지 않는 것이 세 번째의 어리석음(痴)이요, 말하기 전에 먼저 웃어버리는 것이 네 번째의 과실(失)이요, 부모를 봉양하지 않는 것이 다섯 번째의 거스름(逆)이요, 밤에 발가벗은 몸으로 일어나는 것이 여섯 번째의 상서롭지 못함(不祥)이요, 남의 활 당기기를 좋아함이 일곱 번째의 상스러움(奴)이요, 남의 말을 타기 좋아함이 여덟 번째의 비천함(賤)이요, 남의 술을 마시면서 다른 사람에게 먹어라 권하는 것이 아홉 번째의 어리석음(愚)이요, 남의 밥을 먹으면서 친구에게 먹기를 명하는 것은 열 번째의 뻔뻔함(强)입니다." 무왕이 말했다. "정말 아름답고 진실하도다. 그 말씀이여!"

## 十三. 치정편(治政篇)

> 明道 先生이 曰 一命之士라도 苟存心於愛物이면 於人에 必有所濟니라.
>
> **명도 선생**이 왈 **일명지사**라도 **구존심어애물**이면 **어인**에 **필유소제**니라.

　명도 선생이 말했다. "처음 벼슬하는 선비라도 진실로 만물을 사랑하는 마음을 지닌다면 사람들에게 반드시 도움을 주는 바가 있으리라."

* 명도 선생(明道先生): 성은 정(程), 이름은 호(顥)이다. 송나라 학자로 성리학을 발전시켰다. 명도(明道)는 그의 시호이다. 정호(程顥, 1032~1085)는 아우인 정이(程頤, 1033~1107)와 함께 이정(二程)으로 불린다.

* '나' 이외의 모든 것을 物(물)이라 하며, 남도 말하지만 '만물'로 번역한다. 이를 줄여 '애물제인(愛物濟人)'이라 했다.

> 唐太宗 御製에 云 上有麾之하고 中有乘之하고 下有附之하여 幣帛衣之요 倉廩食之하니 爾俸爾祿이 民膏民脂니라 下民은 易虐이어니와 上蒼은 難欺니라.
>
> **당태종 어제**에 운 **상유휘지**하고 **중유승지**하고 **하유부지**하여 **폐백의지**요 **창름식지**하니 **이봉이록**이 **민고민지**니라 **하민**은 **이학**이어니와 **상창**은 **난기**니라.

　당나라 태종의 어제에 쓰여있다. "위로는 지휘하는 사람이 있고, 중간에서는 이를 이어 다스리는 사람이 있고, 아래에서는 이에 따르는 사람이 있느니라. 백성이 바친 선물로 옷을 해 입고, 백성이 바친 곳간의 쌀로 음식을 먹으니, 너의 봉과 녹은 모두 다 백성의 피와 땀이로다. 백성을 학대하기는 쉬우나, 저 위 푸른 하늘을 속이기는 어렵다."

* 당 태종(唐 太宗): 당나라 두 번째 임금이다. 이름은 이세민(李世民). 본문의 출처를 추적하여 당 태종은 오류이며, 북송(北宋)의 두 번째 임금 태종(太宗)으로 보는 이도 있다.

---

童蒙訓에 曰 當官之法이 唯有三事하니 曰 淸 曰愼 曰勤이라 知此三者면 知所以持身矣니라.

**동몽훈**에 왈 **당관지법**이 **유유삼사**하니 **왈청 왈신 왈근**이라 **지차삼자**면 **지소이지신**의니라.

---

〈동몽훈〉에 쓰여있다. "관직을 맡았을 때의 법도는 오직 세 가지 일이 있으니, 청렴함과 신중함과 부지런함이다. 이 세 가지의 것을 알고 있으면 처신할 바를 알게 된다."

* 동몽훈(童蒙訓): 송(宋)나라 여본중(呂本中, 1084~1145)이 아이들을 가르치기 위해 꾸민 책이다.

* 이 글에 이어진 아래 두 개의 글이 함께 〈동몽훈(童蒙訓)〉에 실린 관직에 있는 사람이 지켜야 할 덕목에 대한 글이다.

---

當官者는 必以暴怒爲戒하여 事有不可어든 當詳處之면 必無不中이어니와 若先暴怒면 只能自害라 豈能害人이리오.

**당관자**는 **필이폭로위계**하여 **사유불가**어든 **당상처지**면 **필무부중**이어니와 **약선폭노**면 **지능자해**라 **기능해인**이리오.

---

관직을 맡은 자는 반드시 심하게 성내는 것을 경계로 삼아서 일에 옳지 못한 것이 있거든 마땅히 자상하게 처리하면 반드시 이치에 들어맞지 않는 것이 없으리라. 만약 먼저 심하게 성을 내면 다만 스스로를 해칠 뿐이니 어찌 남을 해롭게 할 수 있겠는가?

> 事君을 如事親하며 事長官을 如事兄하며 與同僚를 如家人하며 待群吏를 如奴僕하며 愛百姓을 如妻子하며 處官事를 如家事하고 然後에 能盡吾之心이니 如有毫末不至면 皆吾心이 有所未盡也니라.
>
> 사군을 여사친하며 사장관을 여사형하며 여동료를 여가인하며 대군리를 여노복하며 애백성을 여처자하며 처관사를 여가사하고 연후에 능진오지심이니 여유호말부지면 개오심이 유소미진야니라.

임금 섬기기를 어버이를 섬기는 것같이 하며, 윗사람 섬기기를 형을 섬기는 것같이 하며, 동료 대하기를 자기 집안사람같이 하며, 여러 아전 대하기를 자기 집 노복같이 하며, 백성 사랑하기를 처자식같이 하며, 관직의 일 처리하기를 내 집안일처럼 해야 하니, 그런 뒤에야 능히 내 마음을 다했다 할 것이니라. 만약 털끝만치라도 이에 이르지 못함이 있으면 다 내 마음에 다하지 못한 바가 있다.

> 或問 簿는 佐令者也니 簿所欲爲를 令이 或不從이어든 奈何닛고 伊川先生이 曰 當以誠意로 動之니 今令與簿不和는 便是爭私意요 令은 是邑之長이니 若能以事父兄之道로 事之하여 過則歸己하고 善則唯恐不歸於令하여 積此誠意하면 豈有不動得人이리오.
>
> 혹 문 부는 좌령자야니 부소욕위를 영이 혹부종이어든 내하닛고 이천선생이 왈 당이성의로 동지니 금영여부불화는 변시쟁사의요 영은 시읍지장이니 약능이사부형지도로 사지하여 과즉귀기하고 선즉유공불귀어령하여 적차성의하면 기유부동득인이리오.

　"혹시 어떤 사람이 묻기를 주부(主簿)는 현령(縣令)을 보좌하는 자이니 주부(主簿)가 하고자 하는 바를 현령(縣令)이 혹시 따르지 아니하면 어찌하나이까?" 이천 선생이 말했다. "마땅히 정성된 뜻으로써 감동시켜야 할 것이다. 이제 현령(縣令)이 주부(主簿)와 더불어 화합하지 못한 것은 곧 이것은 사사로운 뜻을 다투는 것이다. 현령(縣令)은 곧 고을의 어른이니 만약 능히 아버지와 형을 섬기는 도리로써 섬겨서 허물은 곧 자기에게 돌리고 잘한 것인즉 오직 현령(縣令)에게 돌아가지 아니할까 두려워하여 이와 같이 정성된 뜻을 쌓으면 어찌 남의 마음을 얻어 감동시키지 못함이 있겠는가."

* 부(簿): 주부(主簿)를 말하며, 관청의 장(현령)을 보좌하는 직책을 말한다.
* 영(令): 현령(縣令)을 말한다.

> 劉安禮 問臨民한대 明道 先生이 曰 使民
> 으로 各得輸其情하라 問御吏한대 曰 正己
> 以格物하라.
>
> 유안례 문림민한대 명도선생이 왈 사민으로 각득수기정하라 문어리한대 왈 정기이격물하라.

　유안례가 백성을 대하는 도리를 물었는데 명도 선생이 말하기를 "백성으로 하여금 각자 그 뜻을 펼칠 수 있도록 해야 할 것이다." 관리를 다스리는 것을 물었는데 말하기를 "자신을 바르게 함으로써 다른 사람을 바르게 하는 것이다."

\* 유안례(劉安禮, 1069~1128): 북송(北宋) 때 사람으로 자(字)는 원소(元素)이다. 정명도(정호, 程顥)의 제자이다.

> 抱朴子에 云 迎斧鉞而正諫하며 據鼎鑊而
> 盡言이면 此謂忠臣也니라.
>
> 포박자에 운 영부월이정간하며 거정확이진언이면 차위충신야니라.

　〈포박자〉에 쓰여있다. "도끼를 맞는 형벌을 당해 죽는다 하더라도 바르게 아뢰고 가마솥에 넣어져 죽임을 당하더라도 할 말을 다 하면 이 사람을 충신이라 이를 것이다."

\* 포박자(抱朴子): 동진(東晉) 때 문학가이자 도교 이론가, 의학가인 갈홍(葛洪, 283~343)의 호(號)이자, 그가 지은 책 이름이다. 도가를 중심에 놓고 신선 사상을 강조한 책이다.

## 十四. 치가편(治家篇)

> 司馬溫公이 曰 凡諸卑幼 事無大小이요 毋得專行하고 必咨稟於家長이니라.
> 사마온공이 왈 범제비유 사무대소이요 무득전행하고 필자품어가장이니라.

사마온공이 말했다. "무릇 모든 낮은 자리에 있는 사람이나 나이 어린 사람은 일의 크고 작음을 가림 없이 제멋대로 행하지 말고 반드시 집안 어른께 여쭤보고서 해야 할 것이다."

> 待客은 不得不豊이요 治家는 不得不儉이니라.
> 대객은 부득불풍이요 치가는 부득불검이니라.

손님 접대는 풍성하게 하지 않으면 아니 되고 집안을 다스릴 때에 검소하게 하지 않으면 아니 된다.

> 太公에 曰 痴人은 畏婦하고 賢女는 敬夫니라.
> 태공에 왈 치인은 외부하고 현녀는 경부니라.

〈태공가교〉에 쓰여있다. "어리석은 사람은 아내를 두려워하고 현명한 아내는 남편을 공경한다."

## 凡使奴僕에 先念飢寒이니라.
**범사노복**에 **선념기한**이니라.

무릇 종(奴僕, 노복)을 부릴 때에 먼저 그들의 굶주림과 추위를 생각해야 한다.

## 子孝雙親樂이요 家和萬事成이니라.
**자효쌍친락**이요 **가화만사성**이니라.

자식이 효도하면 부모가 즐겁고 집안이 화목하면 모든 일이 이루어진다.

## 時時防火發하고 夜夜備賊來하라.
**시시방화발**하고 **야야비적래**하라.

때마다 불이 나지 않도록 막고 밤마다 도적이 들지 않도록 막아라.

## 景行錄에 云 觀朝夕之早晏하여 可以卜人家之興替니라.
**경행록**에 운 **관조석지조안**하여 **가이복인가지흥체**니라.

〈경행록〉에 쓰여있다. "아침과 저녁의 이르고 늦음을 보아서 가히 그 집안의 흥함과 쇠함을 점칠 수 있다."

## 文仲子 曰 婚娶而論財는 夷虜之道也니라.
**문중자 왈 혼취이논재**는 **이로지도야**니라.

치가편(治家篇)

문중자가 말했다. "혼인하는데 재물을 논하는 것은 오랑캐나 하는 일이다."

* 문중자(文仲子): 수(隨)나라 왕통(王通, 584~617)의 시호이다. 수나라 말기의 학자로 〈중설(中設)〉 10권이 있다.

## 十五. 안의편(安義篇)

> 顏氏家訓에 曰 夫有人民而後에 有夫婦하고 有夫婦而後에 有父子하고 有父子而後에 有兄弟하니 一家之親은 此三者而已矣라 自玆以往으로 至于九族이 皆本於三親焉이라 故로 於人倫에 爲重也니 不可無篤이니라.
>
> 안씨가훈에 왈 부유인민이후에 유부부하고 유부부이후에 유부자하고 유부자이후에 유형제하니 일가지친은 차삼자이이의라 자자이왕으로 지우구족이 개본어삼친언이라 고로 어인륜에 위중야니 불가무독이니라.

〈안씨가훈〉에 쓰여있다. "대저 백성이 있고 난 뒤에 부부가 있고, 부부가 있고 난 뒤에 부자가 있고, 부자가 있고 난 뒤에 형제가 있으니 한 집안의 친족은 이 세 가지뿐이니라. 여기서부터 나아가 구족에 이르기까지 다 삼친(三親)에 뿌리를 두고 있는지라. 그러므로 인륜에 있어서 중요하게 여기고 돈독하게 하지 않으면 안 된다."

* 안씨가훈(顏氏家訓): 중국 육조시대 안지추(顏之推)가 쓴 책으로 2권으로 되어 있다.

* '不可不篤'이라고 쓴 판본도 있으나, '不可無(불가무)'가 '~하지 않으면 안 된다(해야 한다)'라는 의미이다.

> 莊子 曰 兄弟는 爲手足하고 夫婦는 爲衣服이니 衣服破時엔 更得新이어니와 手足斷處엔 難可續이니라.
>
> **장자 왈 형제**는 **위수족**하고 **부부**는 **위의복**이니 **의복파시**엔 **갱득신**이어니와 **수족단처**엔 **난가속**이니라.

　　장자가 말했다. "형제는 손발과 같고 부부는 의복과 같으니 의복이 찢어질 때엔 다시 새것으로 갈아입을 수 있지만 손발이 끊어졌을 때는 잇기가 어렵다."

> 蘇東坡 云 富不親兮貧不疎는 此是人間大丈夫요 富則進兮貧則退는 此是人間眞小輩니라.
>
> **소동파 운 부불친혜빈불소**는 **차시인간대장부**요 **부즉진혜빈즉퇴**는 **차시인간진소배**니라.

　　소동파가 말했다. "부유하다고 친하지 않으며 가난하다고 멀리하지 않는 것, 이것이 인간으로서 대장부라 할 것이다. 부유하면 가까이하고 가난하면 멀리하는 것, 이것이 인간으로서 진짜 소인배라 할 것이다."

## 十六. 준례편(遵禮篇)

> 子曰 居家有禮故로 長幼辨하고 閨門有禮故로 三族和하고 朝廷有禮故로 官爵序하고 戰獵有禮故로 戎事閑하고 軍旅有禮故로 武功成하니라.
> 
> 자 왈 거가유례고로 장유변하고 규문유례고로 삼족화하고 조정유례고로 관작서하고 전렵유례고로 융사한하고 군려유례고로 무공성하니라.

공자가 말했다. "집안에 예절(禮節)이 있기에 어른과 어린이가 분별이 있고, 규방에 예절이 있기에 삼족이 화목하고, 조정에 예절이 있기에 관직에 서열이 있고, 사냥에 예절이 있기에 군사 일(軍事)이 숙달되고, 군대에 예절이 있기에 무공이 이루어진다."

> 子曰 君子 有勇而無禮면 爲亂이요 小人이 有勇而無禮면 爲盜니라.
> 
> 자 왈 군자 유용이무례면 위란이요 소인이 유용이무례면 위도니라.

공자가 말했다. "군자가 용기만 있고 예의(禮儀)가 없으면 반란을 일으키고 소인이 용기만 있고 예의가 없으면 도둑이 된다."

> 曾子曰 朝廷엔 莫如爵이요 鄕黨엔 莫如齒요 輔世長民엔 莫如德이니라.
> 
> 증자 왈 조정엔 막여작이요 향당엔 막여치요 보세장민엔 막여덕이니라.

증자가 말했다. "조정엔 벼슬만한 것이 없고, 마을엔 나이만한 것이 없고, 세상을 돕고 백성을 잘 살게 하는 데에는 덕만한 것이 없다."

* <명심보감>에서 증자(曾子)의 말씀으로 기록되어 있으나, 〈맹자(孟子)〉 '공손추(公孫丑) 하(下)'에서 맹자(孟子)의 말씀으로 실려 있다.

---

**老少長幼는 天分秩序니 不可悖理而傷道也니라.**

노소장유는 천분질서니 불가패리이상도야니라.

---

노인과 젊은이, 어른과 어린이는 하늘이 차례를 나누었으니, 사물(事物)의 이치를 어기고 도리를 상하게 하면 아니 된다.

---

**出門엔 如見大賓하고 入室엔 如有人하라.**

출문엔 여현대빈하고 입실엔 여유인하라.

---

문밖에 나가서는 큰 손님을 뵙듯이 하고 집안에 들어와서는 사람이 있는 것같이 하라.

* '見'의 훈음(訓音)은 '볼 견'. '뵐 현'이다.

---

**若要人重我인댄 無過我重人이니라.**

약요인중아인댄 무과아중인이니라.

---

만약 남이 나를 정중히 대해 주기를 바란다면 내가 먼저 남을 정중히 대하는 것보다 나은 것이 없다.

---

**父不言子之德하고 子不談父之過니라.**

부불언자지덕하고 자부담부지과니라.

---

아버지는 자식의 덕을 말하지 아니하고 자식은 아버지의 허물을 말하지 아니 한다.

## 十七. 언어편(言語篇)

> 劉會 曰 言不中理면 不如不言이니라.
> 유회 왈 언부중리면 불여불언이니라.

유회가 말했다. "말이 이치에 맞지 않으면 말하지 않는 것만 못하다."

> 一言不中이면 千語無用이니라.
> 일언부중이면 천어무용이니라.

한 마디 말이 이치에 맞지 않으면 천 마디 말이 쓸모가 없다.

> 君平이 曰 口舌者는 禍患之門이요 滅身之斧也니라.
> 군평이 왈 구설자는 화환지문이요 멸신지부야니라.

군평이 말했다. "입과 혀는 재앙과 근심을 가져오는 문이고 몸을 망가뜨리는 도끼와 같다."

* 군평(君平): 전한(前漢) 무제(武帝) 때 사람으로 점술가이다. 성은 엄(嚴) 이름은 준(遵)이며, 군평(君平)은 그의 자(字)이다.

> 利人之言은 煖如綿絮하고 傷人之語는 利如荊棘하여 一言利人에 重值千金이요 一語傷人에 痛如刀割이니라.
>
> **이인지언**은 **난여면서**하고 **상인지어**는 **이여형극**하여 **일언리인**에 **중치천금**이요 **일어상인**에 **통여도할**이니라.

    남을 이롭게 하는 말은 따뜻하기가 솜과 같고 남을 상하게 하는 말은 날카롭기가 가시와 같아서 한마디 말로 남을 이롭게 함에 무겁기가 천금과 같고 한마디 말로 남을 상하게 할 때에는 아프기가 칼로 베는 것과 같다.

> 口是傷人斧요 言是割舌刀니 閉口深藏舌이면 安身處處牢니라.
>
> **구시상인부**요 **언시할설도**니 **폐구심장설**이면 **안신처처뢰**니라.

    입은 사람을 상하게 하는 도끼이고 말은 혀를 베는 칼이니 입을 닫고 혀를 깊이 감추면 어떤 곳에 있어도 몸이 편안할 것이다.

> 逢人且說三分話하되 未可全抛一片心하라 不怕虎生三個口요 只恐人情兩樣心이니라.
>
> **봉인차설삼분화**하되 **미가전포일편심**하라 **불파호생삼개구**요 **지공인정양양심**이니라.

    사람을 만나 우선 말을 하되 십분의 삼만 말하되 한 조각 마음까지 다 드러내어서는 아니 될 것이니 호랑이 입이 세 개라도 두려워하지 말고 오직 사람의 두 마음을 두려워해야 할 것이다.

> 酒逢知己千鍾少요 話不投機一句多니라.
>
> **주봉지기천종소요 화불투기일구다**니라.

    술은 나를 알아주는 친구를 만나면 천 잔도 부족하고 말은 그 기회를 맞추지 못하면 한 마디도 많다.

## 十八. 교우편(交友篇)

子曰 與善人居에 如入芝蘭之室하여 久而不聞其香이나 卽與之化矣요 與不善人居에 如入鮑魚之肆하여 久而不聞其臭나 亦與之化矣니라 丹之所藏者는 赤하고 漆之所藏者는 黑이라 是以로 君子는 必愼其所與處者焉이니라.

자 왈 여선인거에 여입지란지실하여 구이불문기향이나 즉여지화의요 여불선인거에 여입포어지사하여 구이불문기취나 역여지화의니라 단지소장자는 적하고 칠지소장자는 흑이라 시이로 군자는 필신기소여처자언이니라.

공자가 말했다. "선한 사람과 함께 지내면 지초와 난초의 방에 들어간 것 같아서 오래 있으면 그 향기를 맡지 못하니 곧 더불어 그 향기와 동화되는 것이고, 착하지 못한 사람과 같이 있으면 썩은 생선 파는 가게에 들어가는 것 같아서 오래되면 그 냄새를 맡지 못하니 또한 더불어 동화되는 것이니, 붉은 것을 지니고 있으면 붉어지고 옻을 지니고 있으면 검어진다. 그러므로 군자는 반드시 그가 함께 할 사람을 신중히 택해야 한다."

家語에 云 與好學人同行에 如霧露中行하여 雖不濕衣라도 時時有潤하고 與無識人同行에 如厠中坐하여 雖不汚衣라도 時時聞臭니라.

> 가어에 운 여호학인동행에 여무로중행하여 수불습의라도 시시유윤하고 여무식인동행에 여측중좌하여 수불오의라도 시시문취니라

〈가어〉에 쓰여있다. "배우기를 좋아하는 사람과 동행한다면 안개와 이슬 가운데를 걷는 것 같아서 비록 옷이 젖지 아니하더라도 때때로 젖는 바가 있고, 무식한 사람과 동행하면 마치 뒷간에 앉는 것 같아서 비록 옷을 더럽히지 아니하더라도 때때로 악취를 맡게 된다."

> 子曰 晏平仲은 善與人交로다 久而敬之온여.
> 자왈 안평중은 선여인교로다 구이경지온여.

공자가 말했다. "안평중은 남과 더불어 잘 사귀도다. 오래되어도 공경하는구나!"

* 안평중(晏平仲): 이름은 영(嬰)이다. 자(字)는 중(仲), 시호(諡號)는 평(平)인데, 통상 평중(平仲)으로 불린다.

> 相識이 萬天下하되 知心能幾人고.
> 상식이 만천하하되 지심능기인고.

서로 얼굴을 아는 사람이 천하에 가득하여도 마음을 알아주는 사람은 몇 사람이나 되겠는가.

> 酒食兄弟는 千個有로되 急難之朋은 一個無니라.
> 주사형제는 천개유로되 급난지붕은 일개무니라.

술을 마시고 밥을 함께 먹을 때는 형이니 동생이니 하는 사람이 천 사람이나 있어도 급하고 어려운 일을 당했을 때 도와줄 친구는 한 사람도 없다.

교우편(交友篇)

* 食의 훈음(訓音)은 '밥 사'로 본다.

---

**不結子花는 休要種이요 無義之朋은 不可交니라.**

불결자화는 휴요종이요 무의지붕은 불가교니라.

열매를 맺지 못하는 꽃은 심을 필요가 없고, 의리가 없는 친구는 사귀지 말라.

---

**君子之交는 淡若水하고 小人之交는 甘若醴니라.**

군자지교는 담약수하고 소인지교는 감약례니라.

군자의 사귐은 담백하기가 물과 같고 소인의 사귐은 달기가 단술과 같다.

---

**路遙知馬力이요 日久見人心이니라.**

노요지마력이요 일구견인심이니라.

길이 멀어야 말(馬)의 힘을 알게 되고 세월이 오래 지나야 사람의 마음을 알 수 있다.

## 十九. 부행편(婦行篇)

> 益智書에 云 女有四德之譽하니 一曰 婦德이요 二曰 婦容이요 三曰 婦言이요 四曰 婦工也니라.
>
> 익지서에 운 여유사덕지예하니 일왈 부덕이요 이왈 부용이요 삼왈 부언이요 사왈 부공야니라.

〈익지서〉에 쓰여있다. "여자에게 있어서 네 가지 덕의 아름다움이 있으니 첫째는 부덕(부녀로서 갖추어야 할 덕)이요 둘째는 부용(부녀로서 갖추어야 할 용모)이요 셋째는 부언(부녀로서 갖추어야 할 말씨와 대화 능력)이요 넷째는 부공(부녀로서 갖추어야 할 솜씨)이니라."

> 婦德者는 不必才名絶異요 婦容者는 不必顔色美麗요 婦言者는 不必辯口利詞요 婦工者는 不必技巧過人也니라.
>
> 부덕자는 불필재명절이요 부용자는 불필안색미려요 부언자는 불필변구이사요 부공자는 불필기교과인야니라.

부덕이라는 것은 반드시 재주와 이름이 뛰어남을 말하는 것이 아니고, 부용이라는 것은 반드시 얼굴빛이 아름답고 고와야 되는 것이 아니고, 부언이라는 것은 반드시 말주변이 좋아 말을 잘해야 하는 것이 아니고, 부공이라는 것은 반드시 손재주가 남보다 뛰어나야 하는 것이 아니다.

> 其婦德者는 淸貞廉節하여 守分整齊하고
> 行止有恥하여 動靜有法이니 此爲婦德也요
> 婦容者는 洗浣塵垢하여 衣服鮮潔하며 沐
> 浴及時하여 一身無穢니 此爲婦容也요 婦
> 言者는 擇師而說하여 不談非禮하고 時然
> 後言하여 人不厭其言이니 此爲婦言也요
> 婦工者는 專勤紡績하고 勿好暈酒하며 供
> 具甘旨하여 以奉賓客이니 此爲婦工也니라.
>
> 기부덕자는 청정렴절하여 수분정제하고 행지유치하여 동정유법이니 차위부덕야요 부용자는 세완진구하여 의복선결하며 목욕급시하여 일신무예니 차위부용야요 부언자는 택사이설하여 부담비례하고 시연후언하여 인불염기언이니 차위부언야요 부공자는 전근방적하고 물호훈주하며 공구감지하여 이봉빈객이니 차위부공야니라.

  그 부덕이라는 것은 맑고 정절이 있고 청렴하고 절개가 있어서 분수를 지키고 가지런하고 단정하고 행동거지에 부끄러움이 있어서 움직이고 고요한데 법도가 있으니 이것이 부덕이 되고, 부용이라는 것은 먼지와 때를 씻고 빨아서 옷이 곱고 깨끗하며 목욕해야 할 때에 하여서 한 몸이 더러움이 없어야 하니 이것이 부용이 되고, 부언이라는 것은 모범이 될 만한 말을 가려서 말을 하여서 예의가 아닌 것은 말하지 아니하고 말을 해야 할 때에 하여서 남이 그 말을 싫어하지 아니해야 하니 이것이 부언이 되고, 부공이라는 것은 오로지 길쌈과 방적을 부지런히 하고 술 마시는 것을 좋아하지 아니하고 맛있는 음식을 장만하여 손님을 받들어야 하니 이것이 부공이 된다.

\* '훈주(暈酒)'가 '훈주(葷酒)'로 된 판본도 있다. '훈채(葷菜: 매운 채소)와 술'이라는 의미다.

**此四德者는 是婦人之所不可缺者라 爲之甚易하고 務之在正하니 依此而行이면 是爲婦節이니라.**

차사덕자는 시부인지소불가결자라 위지심이하고 무지재정하니 의차이행이면 시위부절이니라.

이 네 가지 덕은 부인으로서 빼놓을 수 없는 것이다. 행하기는 매우 쉽고 그렇게 힘쓰는 것이 올바르니 이에 따라 행하면 그것이 부녀자로서의 범절이 되는 것이다.

**太公에 曰 婦人之禮는 語必細니라.**

태공에 왈 부인지례는 어필세니라.

〈태공가교〉에 쓰여있다. "부인의 예절은 말소리가 반드시 조용하게 해야 한다."

**賢婦는 令夫貴요 惡婦는 令夫賤이니라.**

현부는 영부귀요 악부는 영부천이니라.

어진 부인은 남편을 귀하게 만들고, 못된 부인은 남편을 천하게 만든다.

**家有賢妻면 夫不遭橫禍니라.**

가유현처면 부부조횡화니라.

집에 현명한 아내가 있으면 남편이 갑작스런 재앙을 당하지 아니한다.

> # 賢婦는 和六親하고 佞婦는 破六親이니라.
> **현부**는 **화육친**하고 **영부**는 **파육친**이니라.

　현명한 아내는 육친과 화목하게 하고 간사한 아내는 육친의 화목을 깨뜨린다.

\* 육친(六親): 보통 가족인 '부(父), 모(母), 형(兄), 제(弟), 처(妻), 자(子)'를 뜻하나 때론 모든 친척(親戚)을 지칭하기도 한다.

二十. 증보편(增補篇)

1) 증보편(增補篇)

> 周易에 曰 善不積이면 不足以成名이요 惡不積이면 不足以滅身이니 小人은 以小善으로 爲无益而弗爲也하며 以小惡으로 爲无傷而弗去也라 故로 惡積而不可掩이요 罪大而不可解니라.
>
> **주역**에 왈 **선부적**이면 **부족이성명**이요 **악부적**이면 **부족이멸신**이니 소인은 **이소선**으로 **위무익이불위야**하며 **이소악**으로 **위무상이불거야**라 고로 **악적이불가엄**이요 **죄대이불가해**니라.

〈주역〉에 쓰여있다. "착한 일이 쌓이지 않으면 명성을 이룰 수 없을 것이요, 악한 일이 쌓이지 않으면 몸을 망치지는 않는다. 소인은 작은 선행을 이익이 없다고 해서 하지 아니하며 작은 악행을 아무 해로움이 없다고 하면서 그만두지 않는다. 따라서 악이 쌓이면 가릴 수 없게 되고 죄가 커지면 벗어날 수가 없게 된다."

\* '解'의 훈음(訓音)은 일반적으로 '해결할 해'로 하나, 여기서는 '벗어날 해'로 본다.

> 履霜하면 堅氷至라하니 彼臣弑其君하며 子弑其父는 非一旦一夕之事이라 其由來者 漸矣니라.
>
> **이상**하면 **견빙지**라하니 **피신시기군**하며 **자시기부**는 **비일단일석지사**이라 **기유래자** 점의니라.

서리를 밟으면 단단한 얼음이 언다 하니, 저 신하가 그 임금을 죽이며 아들이 그 아버지를 죽이는 일이란 하루 아침이나 하루 저녁에 이루어지는 일이 아니라, 그 유래된 바는 점차적으로 쌓여온 것이다.

* '非一旦一夕之事'를 '非一朝一夕之事'로 쓴 판본도 있다.

## 2) 팔반가 팔수(八反歌 八首)

> 幼兒 或詈我하면 我心에 覺歡喜하고 父母 嗔怒我하면 我心에 反不甘이라. 一喜歡一不甘하니 待兒待父心何懸고 勸君今日逢親怒어든 也應將親作兒看하라.
>
> **유아 혹리아**하면 **아심**에 **각환희**하고 **부모 진노아**하면 **아심**에 **반불감**이라. **일희환일불감**하니 **대아대부심하현**고 **권군금일봉친노**어든 **야응장친작아간**하라.

　어린 아이가 간혹 나에게 대들더라도 내 마음은 기쁘게 생각하고 부모님이 나를 꾸짖고 성내시면 내 마음은 도리어 달갑지 않다. 한쪽은 기쁘고 한쪽은 달갑지 아니하니 아이를 대하는 것과 아버지를 대하는 마음이 어찌 이리도 다른가. 그대에게 권하노니 오늘 어버이가 화를 내시는 것을 만나거든 꼭 부모님을 아이 보는 것같이 하라.

> 兒曹는 出千言하되 君聽常不厭하고 父母는 一開口하면 便道多閒管이라 非閒管親掛牽이요 皓首白頭에 多諳諫이라 勸君敬奉老人言하고 莫敎乳口爭長短하라.
>
> **아조**는 **출천언**하되 **군청상불염**하고 **부모**는 **일개구**하면 **변도다한관**이라 **비한관친괘견**이요 **호수백두**에 **다암간**이라 **권군경봉로인언**하고 **막교유구쟁장단**하라.

　아이들이 천 마디 말을 해도 그대는 듣기를 항상 싫어하지 아니하고 부모님이 한 번 입을 열면 곧 잔소리를 많이 한다 하네. 잔소리가 아니고 걱정이 되어 그러는 것이니 머리가 흰머리가 되도록 사셨기에 많은 것을 알고 계신다네. 그대에게 권하노니 노인을 받들어 공경하고 젖비린내 나는 입으로 장단점을 다투지 말도록 하라.

---

幼兒尿糞穢는 君心에 無厭忌로되 老親涕唾零에 反有憎嫌意니라 六尺軀來何處오 父精母血成汝體라 勸君敬待老來人하라 壯時爲爾筋骨敝니라.

**유아뇨분예**는 군심에 **무염기**로되 **노친체타령**에 **반유증혐의**니라 **육척구래하처**오 **부정모혈성여체**라 **권군경대노래인**하라 **장시위이근골폐**니라.

---

어린아이의 오줌과 똥의 더러움은 그대 마음에 싫어하고 거리낌이 없되 늙은 어버이의 눈물과 침이 떨어짐에 도리어 미워하고 싫어하는 뜻이 있네. 육척의 몸이 어디에서 왔는가. 아버지의 정기와 어머니의 피가 너의 몸을 만드셨도다. 그대에게 권하노니 늙어가는 어버이를 공경하여 대접하라. 젊었을 때에는 너를 위하여서 힘줄과 뼈가 피폐하셨도다.

---

看君晨入市하여 買餅又買餻하니 少聞供父母하고 多說供兒曹라 親未啖兒先飽하니 子心이 不比親心好라 勸君多出買餅錢하여 供養白頭光陰少하라.

**간군신입시**하여 **매병우매고**하니 **소문공부모**하고 **다설공아조**라 **친미담아선포**하니 **자심**이 **불비친심호**라 **권군다출매병전**하여 **공양백두광음소**하라.

---

그대가 새벽에 시장에 들어가서 밀가루떡을 사고 또 쌀떡을 사는 것을 보았는데 부모님께 드린다는 말은 적게 듣고 아이들에게 준다는 말은 많네. 어버이가 드시지도 아니하였는데 아이가 먼저 배부르니 아들의 마음이 어버

이의 마음 좋아하는 것에 견주지 못하느니라. 그대에게 권하노니 떡 살 돈을 많이 내어서 머리가 희어 살 날이 적은 어버이께 바치고 봉양하라.

市間賣藥肆에 惟有肥兒丸하고 未有壯親者하니 何故兩般看고 兒亦病親亦病에 醫兒不比醫親症이라 割股라도 還是親的肉이니 勸君亟保雙親命하라.

**시간매약사에 유유비아환하고 미유장친자하니 하고양반간고 아역병친역병에 의아불비의친증이라 할고라도 환시친적육이니 권군극보쌍친명하라.**

시장 사이로 약을 파는 가게에 오직 아이를 살찌울 약은 있고 어버이를 건강하게 만들 약은 없으니, 무슨 연고로 두 가지를 보는가. 아이 또한 병이 들고 어버이 또한 병이 듦에 아이의 병 고치는 것이 어버이의 병 고치는 것에 비하리오. 허벅지 살을 베더라도 여전히 이것은 어버이로부터 받은 살이니 그대에게 권하노니 빨리 두 분 어버이의 목숨을 보존하라.

富貴엔 養親易로되 親常有未安하고 貧賤엔 養兒難하되 兒不受饑寒이라 一條心兩條路에 爲兒終不如爲父라 勸君養親은 如養兒하고 凡事를 莫推家不富하라.

**부귀엔 양친이로되 친상유미안하고 빈천엔 양아난하되 아불수기한이라 일조심양조로에 위아종불여위부라 권군양친은 여양아하고 범사를 막추가불부하라.**

부귀할 때에는 어버이 봉양하기가 쉽지만 어버이는 늘 편안한 마음으로 사는 것은 아니고, 빈천할 때에는 아이 기르기가 어렵지만 아이는 굶주림과 추위를 겪지는 않는다. 한 갈래 마음에 두 가지 길이 있으니 아이 위하는 것이 끝내 어버이를 위함 같지 아니하다. 그대에게 권하노니 어버이 봉양은 아이 양육하는 것같이 하고 모든 일은 집이 부유하지 아니하다고 미루지 말라.

> 養親엔 只二人이로되 常與兄弟爭하고 養兒엔 雖十人이나 君皆獨自任이라. 兒飽煖親常問하되 父母饑寒不在心이라. 勸君養親을 須竭力하라 當初衣食이 被君侵이니라.
>
> **양친**엔 **지이인**이로되 **상여형제쟁**하고 양아엔 **수십인**이나 **군개독자임**이라. **아포난친상문**하되 **부모기한부재심**이라. **권군양친**을 **수갈력**하라 **당초의식**이 **피군침**이니라.

어버이를 봉양함에는 오직 두 분뿐인데 항상 형제들과 (모시는 문제로) 다투고 아이를 기를 때에는 비록 열 명이 되더라도 그대가 다 홀로 맡아 기르네. 아이가 배부르고 따뜻한지 친히 항상 묻되 부모님이 주리신지 추우신지 마음에 있지 아니하다. 그대에게 권하노니 어버이 봉양하기를 모름지기 힘을 다하라. 애당초 입을 것과 먹을 것을 그대에게 빼앗겼던 것이니라.

> 親有十分慈하되 君不念其恩하고 兒有一分孝하되 君就揚其名이라 待親暗待兒明하니 誰識高堂養子心고 勸君莫信兒曹孝하라 兒曹親子在君身이니라.
>
> **친유십분자**하되 **군불념기은**하고 **아유일분효**하되 **군취양기명**이라 **대친암대아명**하니 **수식고당양자심**고 **권군막신아조효**하라 **아조친자재군신**이니라.

어버이는 지극히 자애로우나 그대는 그 은혜를 생각하지 아니하고 아이가 조금이라도 효도를 하면 그대는 곧바로 그 이름을 자랑하려 한다. 어버이를 대함에는 어둡고 아이를 대함에는 밝으니 누가 고당(高堂: 어버이)의 자식 기르는 마음을 알겠는가? 그대에게 권하노니 아이들의 효도를 믿지 말라. 아이들이 어버이이면서 자식이라는 것을 알게 해주는 것은 그대 자신에게 달려 있다.

* 高堂(고당): 남의 부모를 높여 부르는 말로 흔히 쓰인다.
* '친자(親子)'가 '양자(樣子, 본보기)'로 된 판본도 있다. '자식들의 본보기가 그대 자신에게 있다.'
* 就(취): 여기서 就의 훈음은 '곧 취'이며, '나아갈 취'로도 읽는다.

3) 증보 효행편(孝行篇)

1. 신라시대(新羅時代) 손순(孫順)의 효도(孝道)

孫順이 家貧하여 與其妻로 傭作人家以養母할새 有兒每奪母食이라. 順이 謂妻 曰 兒奪母食하니 兒는 可得이어니와 母難再求라 하고 乃負兒往歸醉山北郊하여 欲埋掘地러니 忽有甚奇石鍾이어늘 驚怪試撞之하나니 春容可愛라. 妻曰 得此奇物은 殆兒之福이라 埋之不可라하니 順이 以爲然하여 將兒與鍾還家하여 懸於樑撞之러니 王이 聞鍾聲이 淸遠異常而覈聞其實하고 曰 昔에 郭巨埋子엔 天賜金釜러니 今孫順이 埋兒엔 地出石鍾하니 前後符同이라 하고 賜家一區하고 歲給米五十石하니라.

손순이 가빈하여 여기처로 용작인가이양모할새 유아매탈모식이라. 순이 위처 왈 아탈모식하니 아는 가득이어니와 모난재구라 하고 내부아왕귀취산북교하여 욕매굴지러니 홀유심기석종이어늘 경괴시당지하나니 용용가애라. 처왈 득차기물은 태아지복이라 매지불가라하니 순이 이위연하여 장아여종환가하여 현어량당지러니 왕이 문종성이 청원이상이핵문기실하고 왈 석에 곽거매자엔 천사금부러니 금손순이 매아엔 지출석종하니 전후부동이라 하고 사가일구하고 세급미오십석하니라.

손순(孫順)이 집이 가난하여 그 아내와 더불어 남의 집의 품팔이를 하여 어머니를 봉양할 새 아이가 있었는데 매번 어머니의 음식을 빼앗으니라. 순이 아내에게 일러 말하기를 아이가 어머니의 음식을 빼앗으니 아이는 얻을 수 있거니와 어머니는 다시 구하기 어렵다 하고 이에 아이를 지고 귀취산 북쪽에 가서 묻을려고 땅을 팠는데 홀연히 기이한 돌종이 있거늘 놀라고 괴이하여 시험 삼아 쳐보니 종소리가 은은하여 듣기 좋은지라. 아내가 가로되 이 기이한 물건을 얻음은 아마도 아이의 복이라. 아이를 묻는 것은 옳지 않다고 하니 손순이 그러하겠다 하여서 장차 아이와 더불어 쇠종을 가지고 집으로 와서 들보에 매달고서 치니 왕이 종소리를 들음이 맑고 멀리까지 퍼져서 이상하게 여겨서 그 사실을 자세히 캐물어서 듣고 가로되 옛날에 곽거가 자식을 묻을 때에 하늘이 금가마솥을 내렸다 하더니 이제 손순이 아이를 묻을 때엔 땅이 돌종을 내니 앞뒤가 맞다 하고 집 한 채를 내리고 해마다 쌀 오십 석을 주었다 한다.

## 2. 신라시대(新羅時代) 상덕(尙德)의 효도(孝道)

> 尙德이 値年荒癘疫하여 父母飢病濱死라. 尙德이 日夜不解衣하고 盡誠安慰하되 無以爲養則刲髀肉食之하고 母發癰에 吮之卽癒라. 王이 嘉之하여 賜賚甚厚하고 命旌其門하고 立石紀事하니라.
>
> **상덕**이 **치년황려역**하여 **부모기병빈사**라. **상덕**이 **일야불해의**하고 **진성안위**하되 **무이위양즉규비육식지**하고 **모발옹**에 **연지즉유**라. 왕이 **가지**하여 **사뢰심후**하고 **명정기문**하고 **입석기사**하니라.

　상덕(尙德)이 흉년과 전염병이 유행하는 때를 만나서 부모님이 굶주리고 병들어 죽게 되신지라. 상덕이 밤낮으로 옷을 벗지 아니하고 정성을 다하여 편안하게 위로하되 봉양할 것이 없어 넓적다리살을 베어드시게 하고 어머니가 종기가 나자 입으로 빨아 낫게 하였다. 왕이 가상히 여겨 상을 두텁게 내리고 그 가문에 명하여 정려문(旌閭門)을 세우게 하고 비석을 세워 이 일을 기록하게 하였다.

\* 상덕(尙德): 신라 때의 사람으로 효성이 지극하였다고 한다.
\* 정려문(旌閭門): 효자, 효부, 열녀, 충신을 기리기 위하여 지은 건물이나 문을 말한다.

## 3. 조선시대(朝鮮時代) 도씨(都氏)의 효도(孝道)

都氏가 家貧至孝라 賣炭買肉하여 無闕母饌이러라. 一日은 於市에 晚而忙歸러니 鳶忽攫肉이어늘 都가 悲號至家하니 鳶旣投肉於庭이러라. 一日은 母病索非時之紅柿어늘 都彷徨柿林하여 不覺日昏이러니 有虎屢遮前路하고 以示乘意라 都乘至百餘里山村하여 訪人家投宿이러니 俄而主人이 饋祭飯而有紅柿라 都喜問柿之來歷하고 且述己意한데 答 曰 亡父嗜柿故로 每秋擇柿二百個하여 藏諸窟中而至此五月則完者不過七八이라 今得五十個完者故로 心異之러니 是天感君孝라 하고 遺以二十顆어늘 都謝出門外하니 虎尚俟伏이라 乘至家하니 曉鷄喔喔이러니 後에 母以天命으로 終에 都有血淚러라.

도씨가 가빈지효라 매탄매육하여 무궐모찬이러라. 일일은 어시에 만이망귀러니 연홀확육이어늘 도가 비호지가하니 연기투육어정이러라. 일일은 모병색비시지홍시어늘 도방황시림하여 불각일혼이러니 유호루차전로하고 이시승의라 도승지백여리산촌하여 방인가투숙이러니 아이주인이 궤제반이유홍시라 도희문시지내력하고 차술기의한데 답 왈 망부기시고로 매추택시이백개하여 장저굴중이지차오월즉완자불과칠팔이라 금득오십개완자고로 심이지러니 시천감군효라 하고 유이이십과어늘 도사출문외하니 호상사복이라 승지가하니 효계악악이러니 후에 모이천명으로 종에 도유혈루러라.

도 씨(都氏)가 집이 가난한데 지극히 효도하니라. 숯을 팔아 고기를 사서 어머니의 반찬을 빠뜨림이 없더라. 하루는 시장에서 늦게 바쁘게 돌아오는데 솔개가 홀연히 고기를 낚아채거늘 도 씨가 슬프게 울며 집에 이르니 솔개가 이미 뜰에 고기를 떨어뜨렸더라. 하루는 어머니가 병이 들어서 때도 아닌 홍시를 찾거늘 도 씨가 감나무 숲을 방황하여 날이 저문 것도 깨닫지 못하니 호랑이가 여러 차례 앞길을 막고 올라타라는 뜻을 보인지라. 도 씨가 타고 백여 리의 산촌 마을에 이르러서 사람의 집을 찾아 투숙하니 잠시 후에 주인이 제삿밥을 가지고 왔는데 홍시가 있는지라. 도 씨가 기뻐서 홍시의 내력을 묻고 자기의 뜻을 말했는데 대답하여 가로되 돌아가신 아버지께서 감을 즐기신지라 매번 가을이면 감 이백 개를 골라서 모두 굴에 보관하여 오월에 이른 즉 완전한 것이 칠팔 개에 지나지 않았는데, 이제 오십 개의 완전한 것을 얻은고로 마음으로 이상하게 여겼더니 이것은 하늘이 그대의 효도에 감동하였다 하고 이십 개를 건네주거늘 도 씨가 사례하고 문밖을 나왔더니 호랑이가 아직도 엎드려 기다리더라. 타고 집에 이르니 새벽닭이 울었다. 후에 어머니가 천명으로 돌아가심에 도 씨가 피눈물을 흘렸더라.

* 도 씨(都氏): 조선 철종(哲宗) 때의 사람이라 한다.

## 4) 증보 염의편(廉義篇)

1. 신라시대(新羅時代) 인관(印觀)과 서조(署調)의 이야기

> 印觀이 賣綿於市할새 有署調者以穀買之而還이러니 有鳶이 攫其綿하여 墮印觀家어늘 印觀이 歸于署調 曰 鳶墮汝綿於吾家라. 故로 還汝하노라. 署調 曰 鳶이 攫綿與汝는 天也니라 吾何爲受리오. 印觀 曰 然則還汝穀하리라 署調曰 吾與汝者 市二日이니 穀已屬汝矣니라 二人이 相讓이라가 幷棄於市하니 掌市官이 以聞王하여 並賜爵하니라.
>
> **인관**이 매면어시할새 유서조자이곡매지이환이러니 유연이 확기면하여 타인관가어늘 **인관**이 귀우서조 왈 연타여면어오가라. 고로 환여하노라. 서조 왈 연이 확면여여는 천야니라 오하위수리오. **인관** 왈 연즉환여곡하리라 서조왈 오여여자 시이일이니 곡이 속여의니라 이인이 상양이라가 병기어시하니 장시관이 이문왕하여 병사작하니라.

　　인관(印觀)이 시장에서 솜을 팔 때에 서조라는 사람이 곡식으로써 그것을 사서 돌아오더니 솔개가 그 솜을 빼앗아 인관의 집에 떨어뜨리거늘 인관이 서조에게 돌아가서 말하기를 솔개가 너의 솜을 내 집에 떨어뜨렸느니라. 그런 고로 너에게 돌려주노라. 서조가 말하기를 솔개가 솜을 낚아채서 너에게 준 것은 하늘이 한 것이니라. 내가 어찌 받으리오. 인관이 가로되 그렇다면 (솜값으로 받은) 너의 곡식을 돌려주겠다고 하였다. 서조가 말하기를 내가 너에게 준 것은 장일이 두 번 지났으니 곡식은 이미 그대에게 속한 것이다 하고 두 사람은 서로 사양하다가 두 사람이 모두 시장에 버리니 시장을 맡은 관리가 이를 왕에게 아뢰어서 모두 벼슬을 받았다.

\* 인관(印觀): 신라 때의 사람이라 전해진다.

## 2. 조선시대(朝鮮時代) 홍기섭(洪耆燮)의 이야기

洪公耆燮이 少貧甚無料러니 一日早에 婢兒 踊躍獻七兩錢 曰 此在鼎中하니 米可數石이요 柴可數駄니 天賜天賜니다. 公이 驚曰 是何金고 卽書失金人推去等字하여 付之門楣而待러니 俄而姓劉者來問書意어늘 公이 悉言之한데 劉曰 理無失金於人之鼎內하니 果天賜也니라 盍取之니잇고. 公이 曰 非吾物에 何오. 劉 俯伏曰 小的이 昨夜에 爲窃鼎來라가 還憐家勢蕭條而施之러니 今感公之廉价하고 良心自發하여 誓不更盜하고 願欲常侍하오니 勿慮取之하소서. 公이 卽還金 曰 汝之爲良則善矣나 金不可取라 하고 終不受러라. 後에 公이 爲判書하고 其子在龍이 爲憲宗國舅하며 劉亦見信하여 身家大昌하니라.

홍공기섭이 소빈심무료러니 일일조에 비아용약헌칠량전 왈 차재정중하니 미가수석이요 시가수태니 천사천사니다. 공이 경왈 시하금고 즉서실금인추거등자하여 부지문미이대러니 아이성류자래문서의어늘 공이 실언지한데 유왈 이무실금어인지정내하니 과천사야니라 합취지니잇고. 공이 왈 비오물에 하오. 유 부복왈 소적이 작야에 위절정래라가 환연가세소조이시지러니 금감공지염개하고 양심자발하여 서불갱도하고 원욕상시하오니 물려취지하소서. 공이 즉환금 왈 여지위량즉선의나 금불가취라 하고 종불수러라. 후에 공이 위판서하고 기자재룡이 위헌종국구하며 유역견신하여 신가대창하니라.

홍공(洪公) 기섭(耆燮)이 젊은 시절 가난이 심하여 헤아릴 수조차 없더니 하루는 이른 아침에 계집종이 뛰어와서 일곱 냥의 돈을 드리며 말하기를 이 돈이 솥 안에 있었다 하니 쌀이 몇 석이오 나무는 몇 짐이니 하늘이 준 것이오. 하늘이 준 것입니다. 공이 놀라서 말하기를 이것이 무슨 돈인가 하고 곧 돈을 잃어버린 사람은 미루어 가져가라는 글을 써서 대문의 문설주에 붙이고 기다렸더니 잠시 후에 성이 유 씨라는 사람이 와서 글의 뜻을 묻거늘 공이 다 말을 하니 유 씨가 가로되 남의 솥 안에 돈을 잃어버릴 이유가 없으니 과연 하늘이 준 것입니다. 어찌 취하지 아니하십니까? 공이 가로되 나의 물건이 아닌데 어찌하겠는가? 유 씨가 숙여 엎드려 가로되 소인이 어젯밤에 솥을 훔치러 왔다가 집의 형세가 쓸쓸함에 불쌍히 여겨 도로 베풀었더니 이제 공의 청렴함에 감동하고 양심이 발하여서 다시는 도적질을 하지 않겠다고 맹세하오니 원컨대 항상 모시고자 하나니 염려치 말고 취하소서. 공이 곧 도로 돈을 주고 가로되 네가 어질게 된 것은 좋으나 돈을 취할 수 없다 하고 마침내 받지 않았더라. 후에 공이 판서가 되고 그의 아들 재룡이 헌종의 장인이 되며 유 씨 또한 믿음을 보여서 자신과 집안이 크게 번창하였다.

* 홍기섭(洪耆燮, 1781~1866): 조선시대 말기 사람으로 판서를 지냈으며 청렴하기로 이름이 높다. 그의 아들 홍재룡은 동부승지, 대사성, 이조참판, 금위대장을 지낸 익풍부원군(益豊府院君)으로 헌종 임금의 국구(國舅, 왕의 장인)이다. 홍재룡의 딸이 헌종(憲宗, 1827~1849)의 계비 효정왕후(孝定王后, 1831~1903)로 홍기섭의 손녀이다.

## 3. 고구려(高句麗)의 평강공주(平岡公主)와 바보 온달(溫達) 이야기

高句麗平原王之女 幼時에 好啼러니 王이 戲曰 以女로 將歸于愚溫達하리라. 及長에 欲下嫁于上部高氏한테 女以王不可食言으로 固辭하고 終爲溫達之妻하다. 蓋溫達이 家貧하여 行乞養母러니 時人이 目爲愚溫達也러라 一日은 溫達이 自山中으로 負楡皮而來하니 王女訪見 曰 吾乃子之匹也라 하고 乃賣首飾而買田宅器物하여 頗富하고 多養馬以資溫達하여 終爲顯榮하니라.

고구려평원왕지녀 유시에 호제러니 왕이 희왈 이여로 장귀우우온달하리라. 급장에 욕하가우상부고씨한테 여이왕불가식언으로 고사하고 종위온달지처하다. 개온달이 가빈하여 행걸양모러니 시인이 목위우온달야러라 일일은 온달이 자산중으로 부유피이래하니 왕녀방견 왈 오내자지필야라하고 내매수식이매전택기물하여 파부하고 다양마이자온달하여 종위현영하니라.

고구려 평원왕의 딸이 어렸을 때에 울기를 잘하여서 왕이 장난으로 말하기를 너를 장차 바보 온달에게 시집보내리라. 장성함에 미쳐서 상부 고씨에게 시집보내려고 하는데 딸이 왕께서 거짓말(식언)을 하면 아니 된다 하면서 한사코 사양하고 마침내 온달의 아내가 되었다. 대개 온달이 집이 가난하여 걸인 행세를 하여서 어머니를 봉양하는데 그때 사람들이 온달을 보고 바보 온달이라 하였더라. 하루는 온달이 산에서 느릅나무 껍질을 지고 오는데 왕의 딸이 찾아와서 말하기를 나는 바로 그대의 배필이라 하고 이에 머리의 장식을 팔아서 밭과 집과 기물을 사니 제법 부유하게 되었고 말을 많이 길러서 온달을 도와서 마침내 현달하고 영화롭게 되었다 한다.

* 고구려 평원왕(高句麗 平原王): 고구려 제25대 임금이다.

## 5) 증보 권학편(勸學篇)

> 朱子 曰 勿謂今日不學而有來日하고 勿謂今年不學而有來年하라 日月逝矣라 歲不我延이니 嗚呼老矣라 是誰之愆고.
> 
> **주자 왈** 물위금일불학이유내일하고 물위금년불학이유내년하라 일월서의라 세불아연이니 오호노의라 시수지건고.

주자가 말했다. "오늘 배우지 아니하고서 내일이 있다고 말하지 말라. 올해 배우지 아니하고서 내년이 있다고 말하지 말라. 해와 달은 흘러가느니라. 세월은 나를 기다려 주지 않으니 오호라! 늙었구나. 이것이 누구의 허물인고."

> 少年은 易老하고 學難成하니 一寸光陰이라도 不可輕이라. 未覺池塘에 春草夢하여 階前梧葉이 已秋聲이라.
> 
> **소년은 이로**하고 **학난성**하니 **일촌광음**이라도 **불가경**이라. **미각지당**에 **춘초몽**하여 **계전오엽**이 **이추성**이라.

소년은 늙기 쉽고 학문은 이루기 어려우니 짧은 시간이라도 가벼이 여기지 말라. 연못의 봄풀은 꿈에서 깨어나지 않았는데 섬돌 앞의 오동잎이 이미 가을 소리를 낸다.

陶淵明詩에 云 盛年은 不重來하고 一日은 難再晨이니 及時 當勉勵하라. 歲月이 不待人이니라.

도연명시에 운 성년은 부중래하고 일일은 난재신이니 급시 당면려하라. 세월이 부대인이니라.

〈도연명시〉에 쓰여있다. "젊음은 다시 오지 아니하고 하루에 새벽은 다시 오지 않으니 때에 맞추어 마땅히 힘을 써야 한다. 세월은 사람을 기다려 주지 아니한다."

荀子 曰 不積頤步면 無以至千里요 不積小流면 無以成江河니라.

순자 왈 부적규보면 무이지천리요 부적소류면 무이성강하이니라.

순자가 말했다. "반걸음을 쌓지 않으면 천리에 이르지 못할 것이요 적게 흐르는 물이 쌓이지 않으면 큰 강(강하)*을 이루지 못할 것이다."

* 江河(강하)는 글자 그대로는 '강과 하천'을 뜻하나, 중국(中國)에서는 양쯔강(揚子江 양자강)과 황허강(黃河江 황하강)을 통틀어 이르는 말로 쓰인다.